KB071765

채널 Channel Shift 전쟁

채널 전쟁

Channel
Shift

| 온라이프 시대, 부의 미래는 어디에서 결정되는가 |

오쿠타니 다카시, 이와이 다쿠마 지음 | 이수형 옮김

청림출판

아마존은 왜 오프라인에 매장을 여는가

온라인에서 찾은 고객과의 접점으로 오프라인 고객을 빼앗는 유통
전쟁이 벌어지고 있다. 그리고 아마존Amazon이 싸움의 선두에 서 있다.

알다시피 아마존은 '온라인에 기반을 둔' 기업이다. 그런 기업이 지
금 오프라인 공간에 잇달아 채널을 마련하고 고객 유치에 나서고 있
다. 고객의 집에는 아마존대시Amazon Dash와 아마존에코Amazon Echo를,
그리고 오프라인 매장으로는 아마존고Amazon Go, 아마존북스Amazon
Books 등을 선보였다. 2017년 미국의 유기농 식품 유통업체인 홀푸드
마켓Whole Foods Market을 인수하면서 아마존의 유통 전략은 일본에서도
위협으로 받아들일 만큼 크게 화제가 되었다.

그러나 아마존의 전략을 단지 온라인에서 오프라인으로 유통 판로

를 넓히는, 이른바 '판로 다양화' 측면에서 다루는 건 옳지 않다. 아마존이 진짜 노리고 있는 것은 판로가 아니다. 바로 '온·오프라인을 융합한 채널로 고객의 행동 데이터를 확보하는 것'이다. 그리고 그 데이터를 이용해 판촉과 가격, 상품 모두를 '고객별로 최적화'하려 한다. 일련의 마케팅 믹스, 이른바 4P♦의 혁신을 불러일으키는 것이다. 그리고 그 혁신이 완성되었을 때 나타날 영향력은 가히 상상조차 하기 힘들다.

예를 들어 아마존은 아마존북스, 홀푸드마켓 같은 오프라인 매장에서도 프라임 회원Amazon Prime(연회비를 지불해 무료 배송 등 다양한 혜택을 이용할 수 있는 아마존 회원 ─ 옮긴이)에게 가격을 우대하는 정책을 확대해가고 있다. 또 자체 상품 개발 속도도 한층 더 끌어올리고 있다. 대표 상품인 아마존 건전지는 온라인 판매만으로 이미 미국에서 가장 높은 수준의 시장점유율을 보이고 있다. 이처럼 아마존은 채널을 기점으로 판촉과 가격, 상품이라는 마케팅 요소 자체를 다른 회사가 모방조차 할 수 없는 방향으로 이동시키고 있다.

아마존이 직접 실천하고 있는 이 방법이야말로 우리가 주목하는 '채널 시프트Channel Shift 전략'이다. '채널 시프트 전략'은 다음과 같다.

1. 온라인을 기점으로 오프라인에 진출하고,

♦ 마케팅에서 운영자가 통제할 수 있는 네 가지 요소로 제품(product), 유통경로(place), 판매가격(price), 판매촉진(promotion) 등이 포함된다.

2. 고객과의 접점을 만들어냄에 따라,

3. 마케팅 요소 자체를 변혁(재정립)하는 방법이다.

이러한 움직임에 대항하기 위해서는 단지 온·오프라인 매장을 설치하는 것만으로는 부족하다. 그전에 우선 채널에 대한 인식 자체를 '판매의 장'에서 '고객과의 접점을 만드는 장'으로 바꿔야 한다. 이는 '채널 시프트를 기업 스스로 주도하지 못하면 경쟁 업체에 고객을 송두리째 빼앗길 수 있다'는 냉엄한 현실을 인식해야 가능한 일이다.

이미 많은 기업이 온·오프라인을 융합한 채널로 고객과의 접점 구축을 서두르고 있다. 온라인 스토어에서 마음에 드는 옷을 선택하고 이를 오프라인 매장에서 구매하는 미국의 보노보스Bonobos, 이와 반대로 오프라인 매장에서 상품을 선택해 온라인 스토어에서 구매하는 방식을 도입한 니토리ニトリ, 집으로 안경 샘플을 몇 가지 보내 그중 마음에 드는 것만 온라인상에서 구매할 수 있게 한 미국의 와비파커Warby Parker 등이 대표적인 사례다.

이러한 기업들은 기존의 채널을 바꾸고, 고객과의 접점을 키우며 자기 주도적인 사업 혁신을 이끌고 있다.

이 책의 공저자인 오쿠타니 다카시는 양품계획良品計画에서 일하며 무인양품MUJI의 온라인 스토어를 운영했으며 무지 패스포트 애플리케이션(이하 앱)의 개발 업무를 담당해왔다. 그리고 지금은 오이식스 라 다

이치オイシックス・ラ・大地(이하 오이식스)에서 채널 혁신 작업을 주도하고 있다. 또 한 명의 저자인 이와이 다쿠마는 광고회사에서 일하며 기업들의 프로젝트에 다수 참여하여 채널을 기점으로 한 사업 혁신을 지원해 왔다.

우리는 이러한 경험을 통해 기존의 오프라인 기업에 공통적으로 부족한 점이 세 가지 있다'는 사실을 깨달았다. 첫째는 이들이 '온라인 기업의 오프라인 시장 진출'이라는 트렌드 자체를 대수롭지 않게 여기고 있다는 점이다. 둘째는 이들이 '고객과의 접점 강화'라는 목적을 간과하고 있다는 점이다. 마지막 셋째는 이들이 '마케팅 요소의 변화와 혁신'의 진짜 의미를 인지하지 못하고 있다는 점이다. 한마디로 기존 오프라인 기업은 채널 변화를 지엽적인 운영 과제로만 다룰 뿐, 이를 앞으로의 경쟁에서 생존을 좌우할 거시적인 전략 과제로 여기지 않는 경우가 많았다.

우리는 '채널 시프트 전략'에 대한 좀 더 실용적이고 다각적인 해설로 새로운 과제와 관련한 힌트를 제시하고자 한다. 이 책은 특히 현재 '오프라인을 기반으로 사업을 운영하는' 기업에서 경영이나 마케팅 업무를 담당하는 실무자들에게 큰 도움이 될 것이다.

우리는 '채널 시프트'란 구체적으로 어떤 전략이고, 그것을 통해 고객과의 접점을 어떻게 키워나갈지, 또 이에 따라 변화와 혁신을 어떻게 가져올 수 있는지를 다양한 사례를 통해 확인할 것이다. 이 과정에서 채널 시프트 전략의 핵심을 이해하는 '안목'을 갖게 된다면, 독자 여러분이 몸담은 업계에서도 향후 대응 방안, 더 나아가 전략을 모색할 수 있을 것이다. 이 책의 진짜 목적이 바로 거기에 있다.

먼저 1~3장에서는 주로 '업계'라는 시점에서 각 사례를 살펴보고, '채널 시프트'라는 새로운 경쟁에 대해 해설한다. 이어 4~5장에서는 '채널 시프트'에 성공한 각 기업에 주목해 그 전략의 이론과 사례를 구체적으로 살펴본다. 그리고 마지막 6장에서는 그 전략과 노력의 결과물로 어떤 '마케팅 혁신'을 얻을 수 있는지를 예측해본다. 이 책에서 다루는 전 과정은 곧 각 기업의 전략 수립 과정과도 일치한다. 업계 전체의 흐름을 조망하고 타사의 전략을 파악·분석한 뒤, 앞으로의 전략을 미래 지향적인 관점에서 모색하는 것이다.

추상(개념)에서 구상(실재)으로 사고 과정을 가시화하기 위해, 이 책에서는 이른바 '채널 시프트 매트릭스', '고객 시간', '인게이지먼트 engagement 4P'라는 세 가지 프레임워크를 제시한다. 이것은 우리가 경험을 통해 개발하고 실제 업무에 활용해온 도구다. 채널 시프트의 대응법을 모색하고 새로운 전략을 고민하는 실무자들에게 좋은 도구가 될 것이라 확신한다.

또한 이 책에는 여러 연구자가 쓴 서적이나 논문도 다수 인용되어 있다. 물론 실무자를 대상으로 쓰다 보니, 학술적인 연구에 대해서는 자세히 논하지 않았다. 그러나 '다양한 연구가 곧 우리가 속한 사회나 업계의 변화와 맥락을 같이한다'는 인식에 따라 되도록 많은 연구를 소개하려 했다. 연구를 통해 과제가 정리되면 해결책이 이론화된다. 그러면 그 해결책을 실무자들이 실천하게 되고, 그 지점에서 재차 새로운 과제가 주어지는 선순환의 과정이 정착될 것이다.

사실, 의식하지 않아도 실무자들이 현 상황을 인식하는 사고의 틀은 연구자들이 제시한 개념과 동기화되는 경우가 많다. 특히 채널에서 이뤄진 온·오프라인의 융합은 '옴니 채널Omni-Channel'로 불리며, 이미 활발하게 연구되고 있다. 이러한 연구가 제공하는 시사점은 우리의 현 상황을 알고 어떤 변화를 모색할 때 중요한 토대가 될 수 있다. 독자 여러분도 반드시 그러한 시점에 따라 학술적 인용에 특히 주목해주길 바란다.

아울러 우리는 해외의 선진 사례를 되도록 많이 다루기 위해 노력했다. 그러다 보니 일본 기업만이 아니라 미국 스타트업의 사례도 다수 포함했다. '채널 시프트'는 지금 새롭게 벌어지는 전쟁이다. 따라서 우리는 개념을 넘어서 구체적인 사례를 살펴보며 체감하는 것이 중요하다고 판단했다.

이 책을 쓰는 지금도 채널 시프트와 관련된 새로운 움직임이 잇달아 나타나고 있다. 온라인 진출에 나선 월마트 스토어스Wal-Mart Stores의 사명 변경, 알리바바Alibaba의 전 세계적인 백화점 체인 인수, 그리고 조조타운ZOZOTOWN의 조조슈트ZOZOSUIT 발표 등이 그것이다.

　이러한 움직임을 풀어낼 안목을 얻으려면 역시 선두 주자 아마존의 전략을 제대로 알아야 한다. 아마존이 곳곳에서 이끄는 공세가 지금 전 세계의 각 산업에 엄청난 파고를 불러일으키고 있다. 따라서 지금 아마존의 방식을 '채널 시프트' 관점에서 분석해 그 본질적인 의미를 해독하는 과정이 그만큼 필요하고, 또 중요하다. 바로 지금 그 중요한 첫걸음을 내디뎌 보려 한다.

오쿠타니 다카시, 이와이 다쿠마

차
례

1장

아마존의
채널 전략에
부의 기회가 있다

■ KEY 1 _ 채널 시프트

채널 시프트 전략을 알기 위해서는 아래 표를 이해해야 한다. 온·오프라인 중에서 고객이 '선택'과 '구매'를 각각 어디에서 하는지에 따라 나뉜다.

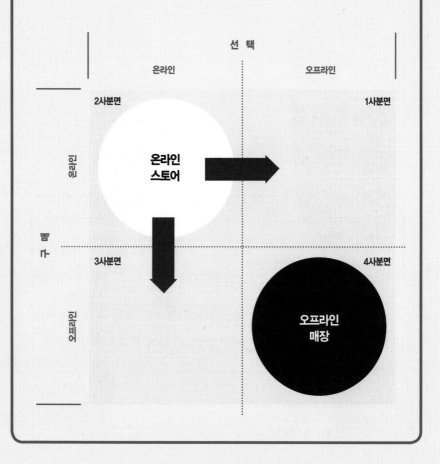

01

온라인에서
오프라인으로

Amazon Dash

아마존대시
고객이 집에 채널을 틀이게 하다

아마존이 2016년 12월 선보인 작은 버튼 '아마존대시'가 일본에도 진출했다.◆ 이 버튼에는 음료, 세제, 기저귀 등의 구체적인 브랜드명이 새겨져 있다.

◆　2019년 2월 28일, 아마존은 인공지능(AI) 알렉사를 통한 아마존 주문이 활발해지면서 기존의 아마존대시 버튼의 판매를 중단한다고 발표했다. 다만 기존 서비스 이용자를 위해 '아마존대시' 서비스는 그대로 유지하며 추후 AI 스피커에서 사용할 수 있는 가상 대시 버튼을 제공할 예정이다.

버튼만 누르면 상품이 집으로 오는 아마존대시

이는 '특정 상품을 아마존에서 구매하는 전용 버튼'이다. 스마트폰이나 PC를 켜지 않고도 버튼만 누르면 '항상 구매하는 그 상품'을 주문할 수 있다. 냉장고나 세탁기 혹은 기저귀를 넣어둔 수납장 옆에 붙여두고 '슬슬 떨어질 때가 된 거 같은데……' 하는 생각이 들면 버튼을 누른다. 그것만으로도 주문이 이루어지고 아마존에서 상품을 집으로 배송하는 구조다. 미국에서는 이미 2015년에 도입되었다.

이용자 쪽에서 보면 일단 사용하기가 매우 쉽다. 아마존대시를 와이파이에 접속한 채로 자주 쓰는 상품만 설정해 두면 된다. 그러고는 필요할 때 버튼만 누르면 끝! 주문한 상품이 집으로 배달될 때까지 버튼을 몇 번씩 눌러도 문제없다. 한 번에 1회분의 발주만 진행되기 때문에 의도치 않게 중복 주문하는 실수를 막을 수 있다. 또 상품을 주문할 때 확인 메시지가 오기 때문에 확인하고 바로 취소할 수도 있다.

아마존대시는 프라임 회원만 이용할 수 있다. 2017년 9월을 기준으로 일본에서도 일용품을 중심으로 약 20개 카테고리, 130종 이상의 브랜드가 아마존대시를 도입하고 있다.

■ 스마트폰도 PC도 필요 없다! ■

사실 아마존대시는 '작은 버튼'에 불과하지만, '채널'이라는 관점에서 보면 기존 패러다임을 완전히 바꿀 만큼 의미가 큰 존재다. 그 혁신성은 '온라인 구매의 게이트를 집이라는 오프라인 공간에 출현시킨' 데 있다.

지금까지는 상품을 구매하려면 스마트폰이나 PC로 아마존 웹사이트에 접속해야 했다. 거기에서 자신이 원하는 상품을 검색해 선택하고 구매 버튼을 누른다. 선택이건 구매건, 모두 온라인에 접속해야 이루어진다. 그러나 이 버튼이 있으면 매번 온라인 사이트에 접속할 필요가 없다. 집이라는 오프라인 공간에서 버튼을 누르는 것만으로도 온라인 구매가 가능하다.

그동안 오프라인에서 세제, 기저귀 등의 일용품을 팔아온 소매기업 쪽에서 보면, 아마존대시는 공간의 벽을 뛰어넘은 온라인의 침략자이자 확실한 위협이다.

예를 들어 아마존 이용자였다고 해도, 지금까지 세제 같은 일용품은 가까운 마트를 직접 찾아 샀을지 모른다. 다른 물건도 살 겸 근처 가게에 들렀다가 매번 사는 그 상품을 집어 들었을 것이다. 혹은 그 옆에 진열된, 평소 사던 것과는 다른 상품을 집어 들고 둘을 비교했을지 모른다. 무엇이 필요하든, 온전히 매장 안에서 정보를 검색해 상품을 선택했던 것이다.

그러나 사전에 상품을 정하고 그 상품명이 적힌 아마존대시를 부엌에 붙여둔다면 어떨까? 매장에 가는 것은 물론 상품 탐색도, 비교도 할 필요 없다. 이는 고객이 지금껏 누려본 적 없는 구매 경험이며, 아마존은 이를 통해 고객을 완전히 자신들의 시스템 안에 가둬두는 셈이다.

■ 아마존은 적수가 없다 ■

당신의 회사가 오프라인 매장을 중심으로 운영되고 있다고 가정해보자. 아마 지금도 그 회사는 온라인 스토어 사업 계획을 '오프라인과 동일한 매장을 만드는 것'으로만 한정해 논의하고 있을지 모른다. 온라인 스토어의 기대 매출이 아직 크지 않다는 이유만으로 온라인 사업에 소극적인 것이다. 혹여 운 좋게 온라인 스토어에서 히트 상품이라도 만들어냈다면? 사내에서 터줏대감 행세를 하는 오프라인 쪽 담당자에게 괜히 핀잔을 들을지도 모른다. "지금 우리한테서 고객을 빼앗으려는 거야?"

만일 이 이야기를 듣고 떠오르는 장면이 있다면, 안타깝게도 당신의 회사는 큰 위기에 처할 가능성이 높다. 온라인에 기반을 두고 '채널 시프트'를 시도하는 회사는 그런 굴레에 얽매이지 않기 때문이다. 이들은 온·오프라인 양쪽에서 선택·구매 채널을 유연하게 조합하는 새로운 전략을 모색하고 있다.

그런 회사에는 온·오프라인 채널을 대립 기준으로 다루는 패러다임이 존재하지 않는다. 오히려 오프라인 매장에 채널을 두었더라도, 거기에서 이루어지는 구매도 온라인 스토어로 끌어오는 데 초점을 맞춘다.

이때 절대로 잊어서는 안 되는 점이 있다. 고객에게 그 매장이 온라인 기업인지, 오프라인 기업인지는 전혀 중요하지 않다는 사실이다. 물론 이렇게 단언하면, 다른 의견이 나올 수 있고 우리도 그 점을 충분히 이해한다.

그러나 다른 곳에 없는 매력적인 구매 경험을 제공하면, 고객은 틀림없이 그쪽을 선택할 거라고 봐야 한다. 아무리 그 거래 관계가 오래되었다고 해도, 고객은 특별한 매력이 없는 기업에 충성을 맹세할 만큼 순진하지 않다. 매장 지상주의(매장을 기반으로, 일련의 선택·구매 행동이 모두 매장 안에서 이루어진다는 믿음 - 옮긴이)에 빠진 채 기존 패러다임만을 고집한다면, 의식하지도 못하는 사이에 자사가 보유한 오프라인 채널의 우위조차 온라인 기업에 빼앗길지 모른다.

■ 주도권은 이미 온라인 스토어로 넘어갔다 ■

채널을 둘러싼 논의는 '온라인 스토어 vs 오프라인 매장의 대립'을 기준으로 한 경우가 많았다. 이 논의는 어디까지나 '고객이 어느 쪽 매장을 선택해 구매하는지'를 전제로 하고 있다. 고객은 우선 '매장'을 선택하고, 거기에서 '상품 선택부터 구매까지' 끝낸다는 도식 말이다.

이 도식에는 '우선 매장이 존재하고, 일련의 구매 행동은 모두 매장에서 이루어진다'는 전제가 암묵적으로 깔려 있다. 이를 그동안 소매업이 빠져 있던 '매장 지상주의의 주술'이라고 해도 좋다.

그래서 기존 소매기업은 자사의 한 가지 채널로 온라인 스토어를 준비하고, '오프라인 매장과 똑같은' 구매 경험을 제공하는 데 열중해왔다. 오프라인 매장과 온라인 스토어를 각각 개별적인 존재로 다루다 보니 채널별 담당 부서가 사내에서 서로 경쟁의식을 드러내는 일조차 빈번하게 벌어졌다.

그러나 아마존대시의 발상에는 아예 그런 전제 자체가 없다. 온라인 스토어를 기점으로 삼으면서도, 그쪽으로 끌어오기 위한 접점을 오프라인에 둔다는 사고방식이 깔려 있다.

'선택을 위한 채널(아마존대시)'과 '구매를 위한 채널(아마존닷컴)'을 떨어뜨려 둔 채, 온·오프라인을 기능적으로 조합해 고객을 끌어당기려 한다. 이는 '고객은 온라인이든, 오프라인이든 어느 쪽의 채널을 선택해 구매하는' 것이 아니라, '온·오프라인의 채널을 자유로이 오가면서 구매한다'는 전제에 기반한다.

아마존의 전략 기점은 바로 온라인에 있다. 그것은 기존 오프라인 기업들의 사업 방식과는 확실히 달랐다. 아마존대시의 등장은 '일단 매장이 존재한 다음'이라는 주술에서 채널을 해방했을 뿐 아니라 오프라인에 기반을 둔 기업에게는 이제 새로운 싸움이 시작될 거라는 강력한

선전포고였다. 바로 이것이 우리가 주목하는 '채널 시프트'이자, 앞으로 각 업계에서 치열해질 경쟁이요 전쟁이다.

■ 채널 전쟁을 이해할 수 있는 매트릭스 ■

이 채널 전쟁, '채널 시프트'를 쉽게 이해할 수 있는 매트릭스를 소개한다. '기업이 고객과의 접점을 살려 어떻게 온·오프라인의 장벽을 극복하는지'를 도식화한 것이다(다음 페이지 참조).

가로축은 '고객이 선택하는 장'을 가리킨다. 고객이 정보를 찾아서 구매할 상품을 선택하는 장이 온라인에 있는지, 오프라인에 있는지를 기준으로 나눈다.

한편 세로축은 '고객이 구매하는 장'을 가리킨다. 고객이 상품 구매를 완료하는 장이 온라인에 있는지, 오프라인에 있는지를 기준으로 나눈다.

이를 이 책에서는 '채널 시프트 매트릭스Channel Shift Matrix'라 부른다.

기존 온라인 스토어는 고객이 선택과 구매 모두 온라인에서 끝냈다. 따라서 '온라인×온라인'으로 왼쪽 위인 2사분면에 위치한다. 이에 반해 기존 오프라인 매장은 선택과 구매를 모두 오프라인에서 끝내기 때문에, '오프라인×오프라인'으로 오른쪽 아래인 4사분면에 위치한다.

결국, 지금까지의 '온라인 스토어 vs 오프라인 매장'이라는 대립 구

■ 온라인을 기점으로 한 2가지 채널 시프트

선 택

온라인   오프라인

2사분면   1사분면

**기존의
온라인 스토어**   채널 시프트 ①

온라인

채널 시프트 ②

구 좀

기존의 대항 축

3사분면   4사분면

**기존의
오프라인 매장**

오프라인

도는 사분면의 왼쪽 위인 2사분면과 오른쪽 아래의 4사분면 대항 축에서 이뤄져왔던 셈이다. 그러나 이 책이 주목한 '채널 시프트'는 왼쪽 위의 온라인 스토어를 기점으로, 기존의 대항 축과는 다른 사분면에 진출해 오프라인에 존재하는 고객을 빼앗아오려는 움직임을 가리킨다.

02

경계를 무너뜨리는
거인의 진격

아마존에코, 고, 북스
고객을 아마존 월드로 끌어들이다

채널 시프트 매트릭스를 그대로 아마존에 적용해보자. 앞서 이야기
했듯이 아마존대시는 선택의 접점을 집이라는 오프라인 공간에 둔 채,
구매는 아마존닷컴Amazon.com이라는 온라인 스토어에서 하는 방식이
다. 이는 오른쪽 위의 1사분면에 진출하는 '채널 시프트 ①'에 해당한다.

아마존은 이 '채널 시프트 ①'을 다양한 형태로 진행한다. 예를 들어,

2017년 11월 일본에서도 선보인 음성인식 스피커 '아마존에코'는 이 1사분면을 활용하는 강력한 채널이다. '알렉사Alexa'라는 인공지능을 개발한 아마존은 아마존에코를 이 인공지능에 연결한다. 이용자가 "알렉사"라고 부르면 아마존에코가 작동하며 음성을 통한 조작과 통제가 단숨에 가능해진다. 단순한 정보를 탐색하거나 날씨 정보를 물을 수 있고, 아마존뮤직Amazon Music이 제공하는 음악을 즐길 수 있다. 또한 사물인터넷IoT 기능이 있는 조명이나 가전제품을 작동하는 허브로도 작동한다.

아울러 음성으로 아마존에서 상품을 구매할 수도 있다. 예를 들어 "알렉사, 복사 용지 구매해줘"라는 말을 시작으로 몇 번의 대화를 거치면, 아마존닷컴의 온라인 스토어에서 구매가 완료되어 집으로 상품이 배달되는 구조다.

아마존대시든, 아마존에코든 집이라는 오프라인 공간에 자사의 채널을 깔아두게 되는 것이다. 고객은 특정한 장소에 갈 필요가 없다. 집에서 "알렉사, ○○을 주문해줘"라고 말하면 그만이다. 이런 상황에서 고객은 '인터넷망에 연결되어 있다'는 것을 의식하지도 못하고 온라인 구매 경험을 하게 된다. 이는 고객의 구매 행동을 기준으로 온·오프라인 공간이 구분선(경계) 없이 연결하는 구조다.

■ 아마존의 채널 시프트

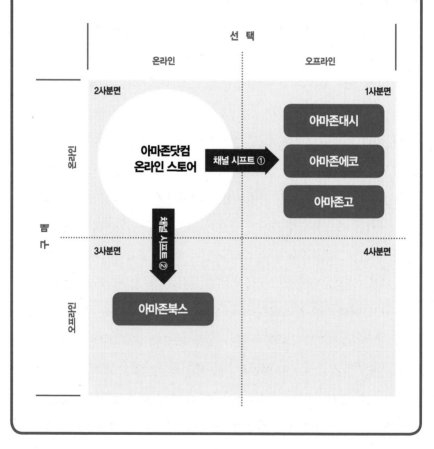

▪ 계산대 없는 편의점 ▪

한편 아마존은 채널 시프트 사분면을 개척하기 위해 2016년 말 새로운 오프라인 매장인 '아마존고' 설립 계획을 발표하고, 2018년 1월 1호점을 열었다.

아마존고는 '계산대 없는 편의점'이다. 고객은 앱을 키고 스마트폰을 게이트 인식기에 대고 매장 안으로 들어간다. 그리고 진열대에서 좋아하는 상품을 골라 그대로 매장을 나오면 된다.

이때 고른 상품은 매장 안에 설치된 센서를 통해 인식되어, 고객이 매장을 나오는 순간 온라인 계좌에서 자동 결제된다. 고객은 오프라인 매장에서 상품을 선택하지만, 계산대에서 현금이나 신용카드를 제시하지 않고도 결제를 끝낼 수 있다. 이는 아마존이 온라인에서 고객과 접점을 갖고 있기에 가능한 서비스로, 고객에게 새로운 경험을 선사한다.

이처럼 계산대에서 결제할 필요가 없는 매장이 실현되면, 매장 안에서 하는 고객의 행동을 더 잘 이해할 수 있다. 앱을 활용하여 고객 아이디를 파악하고 어떤 고객이 방문해, 매장 안에서 어떤 동선으로 움직이고, 어떤 상품을 집어 들어, 실제로 구매하는지 등을 모두 알 수 있다. 즉 방문 시간부터 매장에 머문 시간, 검토한 상품, 선택 상품, 구매 이력에 이르기까지 구매 행동의 모든 과정을 파악하는 것이다.

이러한 정보(아울러 그 정보로 얻은 노하우)는 앞으로 오프라인 매장을 운영하는 데도 적극적으로 활용할 수 있다. 오프라인 매장을 중심으로 사업을 운영하는 기업 쪽에서 보면, '매장 운영의 효율성'이라는 점에서도 아마존에게 이점을 빼앗기게 된다. 향후 아마존고와 같은 매장이 많아지면, 기존 오프라인 매장을 운영해온 기업들에 큰 위협이 될 것이다.

■ 온라인에서 만든 고객 접점을 오프라인 매장에서 활용하다 ■

'채널 시프트 ②'는 선택의 접점을 온라인 쪽에 둔 채, 구매는 오프라인 매장에서 하는 구조를 가리킨다. 아마존은 이 3사분면에 해당하는 전략으로 '아마존북스'를 활용한다.

아마존북스 내부 모습. 대부분 책들이 앞표지가 보이도록 배치했다.

아마존북스 매장 전경 　　　　아마존북스의 상품 태그

　　아마존북스는 문자 그대로 '아마존이 운영하는 오프라인 서점'이다. 서점의 상품 구성에는 아마존닷컴의 인기 순위, 리뷰 같은 '온라인 정보'를 적극적으로 활용하고 있다.

　　아마존북스의 책은 대부분 앞표지가 보이도록 배치하여, 고객이 책 등만 보도록 진열된 경우는 거의 없다. 책의 앞표지가 보이는 것을 원칙으로 삼은 이상, 서점에서 재고로 보유할 수 있는 상품은 극히 적다. 그러나 타사에는 없는 온라인 정보를 통해 고객에게 선별된 책을 추천하고 제공하며 구매를 적극적으로 유인한다.

　　각각의 책 앞에 놓인 검은색 탭에는 아마존닷컴 등에 올라온 리뷰나 추천사 등이 적혀 있지만, 가격은 어디에도 표시되어 있지 않다. 그 대신 상품 코드가 기재되어 고객이 자신의 스마트폰에서 아마존 앱을 켜 코드를 스캔하고, 리뷰나 가격 정보 등을 확인해 선택한다. 물론 그대로 온라인에서 주문해도 상관없지만, 선택한 책을 서점 안에서 바로 계산하고 가져갈 수 있다는 점에서는 일반적인 서점과 크게 다르지 않다.

매장에서 아마존닷컴에 접속하면 구매 이력에 따른 추천 목록이 표시된다. 따라서 그 정보를 기반으로 매장 내부를 두루 탐색할 수 있다. 또 가격은 프라임 회원일 경우와 일반 회원일 경우를 비교해 표시한다. 이때 프라임 회원은 오프라인에서도 온라인과 같은 우대 가격으로 살 수 있다.

그 압도적인 가격 차이를 보면 아무리 아마존닷컴에서 쇼핑을 하지 않던 고객이라도 '프라임 회원이 되고 싶다'는 강력한 동기를 느낀다. 그리고 프라임 회원은 회원이라는 것 자체에서 우월감과 함께 특별한 만족감을 얻는다. 결국 이 같은 구조는 '온라인에서 고객과의 접점을 만들고, 그것을 더욱 강화하려는' 패턴을 담고 있다.

■ 늘어나는 아마존 오프라인 매장의 의미 ■

아마존북스와 같은 오프라인 매장이 좋은 반응을 얻자 아마존은 오프라인 매장을 더욱 늘려 고객과의 접점을 키워가려 하고 있다.

미 전역에 쇼핑몰을 다수 보유한 대형 부동산업체 제너럴 그로스 프로퍼티스General Growth Properties, GGP의 CEO 샌딥 마스라니Sandeep Mathrani는 다음과 같이 말했다. "인터넷 유통 기업은 오프라인 매장의

적이 아니라 아군이다. 아마존은 최대 400개 매장의 출점 계획을 세울 만큼 고객과의 접점을 키워가는 데 열중하고 있다." 이를 통해 그는 'GGP가 보유한 매장에 입주할 후보 기업으로 아마존을 염두에 두고 있다'는 사실을 넌지시 내비쳤다.

일본에서도 아마존의 오프라인 진출을 예상하게 하는 몇 가지 동향이 있었다. 2017년 10월, 아마존에서 구매할 수 있는 술의 프로모션을 위해 '아마존바Amazon Bar'를 도쿄 긴자에서 열어서 큰 화제를 모았다. 12월에는 마루이 그룹과 협업하여 '아마존 홀리데이 2017, 팝업 스토어'를 열었다. 이 같은 매장들을 '아마존 서비스의 경험장'이라 표현한 아마존은 2017년 12월 8일부터 11일까지 '사이버 먼데이 세일' 이벤트를 열기에 이른다.

이러한 '기간 한정 이벤트'는 아직 일본에 아마존북스 같은 상설 매장이 없는 상태에서 이루어진 특별 프로모션이었다. 그러나 가까운 미래에 아마존이 전미 지역, 더 나아가 일본 전역의 쇼핑몰에서 거대한 임차인이 될지 모른다. 그런 상황이 실제로 온다면 기존 오프라인 매장에서 상품을 구매하던 고객들도 대거 아마존으로 유입될 것이다.

■ 90%의 오프라인 시장을 노리는 10%의 온라인 시장 ■

아마존의 중심축은 여전히 매트릭스의 왼쪽 위의 2사분면(선택과 구매 모두 온라인)에 있으며, 이 2사분면에서 막강한 지위를 구축하고 있다. 지금처럼 거대 기업이 되기 전에도 아마존은 온라인 서점에서 출발한 '순수 온라인 기업'이었다. 그렇기에 2사분면에서 구축해온 압도적인 상품 구색과 대규모 물류 창고로 타사를 뛰어넘는 비즈니스 모델을 만들 수 있었다.

사실 e커머스 사업자는 대부분 고유 영역에서 벗어나지 않고 자신들이 강점을 지닌 사분면에서만 사업을 키워나가려 한다. 이처럼 보수적인 접근법이 일반적이지만 아마존은 과감히, 그리고 전략적으로 다른 사분면을 노렸다.

'온라인 vs 오프라인'이라는 대항 축만 놓고 보면, 아직 오프라인 소매·유통 시장이 압도적으로 크다. 미국의 벤처캐피털인 클라이너 퍼킨스 코필드 & 바이어스Kleiner Perkins Caufield & Byers, KPCB가 발행하는 연간 보고서 〈인터넷 트렌드Internet Trends〉에 따르면, 2016년 미국의 e커머스 비율은 11퍼센트, 일본은 7퍼센트 전후로 추정된다. 미국에서도 아직 소매·유통 시장의 90퍼센트 정도가 오프라인에 존재하는 것이다. 이처럼 오프라인에 존재하는 고객, 혹은 아마존의 고객이라도 오프라인에서 이루어지는 구매의 일부를 가져오지 못하면 결국 성장하는 데 한계가 찾아온다.

물론 소매업에서 완전히 다른 분야로 진출하는 것이 말처럼 쉬운 일은 아니다. 대개는 매우 어려운 일이며 아마존 역시 마찬가지다. 그들이라고 처음부터 오프라인 매장 운영 노하우가 있었을 리는 없다. 다만 아마존은 자신들의 강점인 온라인의 '고객 접점'을 살리고, 최신 기술을 활용해 오프라인 시장을 개척하려 했다. 바로 이것이 아마존대시나 아마존에코, 아마존고, 아마존북스라는 채널 시프트의 진짜 목적이다.

■ 아마존의 최대 무기는 고객과의 접점 ■

마지막으로, 오른쪽 아래의 4사분면(선택과 구매 모두 오프라인)이 남았다. 아마도 아마존은 크게 흥미를 갖지 않는 지점일 것이다. 이유는 간단하다. 4사분면만큼 고객과 접점을 만들고 유지하기 힘든 시장도 없기 때문이다.

이 4분면에서 머릿속으로 가장 쉽게 그려볼 수 있는 모델은 만화 《사자에상サザエさん》에 등장하는 식당 '미카와야三河屋'의 사부짱サブちゃん이다. 주인집(이소노 일가磯野家)에는 식당으로 연결된 조그마한 부엌문이 있다. 미카와야에서 일하는 사부짱은 그곳을 마치 제집처럼 드나든다. 술이나 간장, 미림 등이 채 떨어지기도 전에 미리미리 주문해둘 수 있는 것도 그래서다. 주인집에서는 술이나 간장을 다른 가게에서 구입하는 경우도, 따로 상품명을 지정해주는 경우도 없다. 사부짱이 모든 것을 파악하고 미리미리 알아서 준비하기 때문이다.

그러나 주인집과 사부짱의 이처럼 강한 접점이 하루아침에 생겼을 리 없다. 후네フネ, 사자에 등과 대대로 이어온 친분이 있었기에 가능한

일이다. 정성스러운 접객, 고객과 나누는 친근한 대화, 이러한 관계 형성을 위한 인재 육성 및 유지 등 4사분면의 경쟁에서 이기기 위한 요소들을 면대면 접촉 경험이 적은 온라인 기업이 기르기란 쉽지 않다. 아마존은 그런 현실을 반영해, 온라인의 '고객 접점'을 무기로 삼는 길을 택했다. 그리고 이를 활용할 수 있는 사분면으로 '채널 시프트'를 이끌어간다.

덧붙여, '선택-오프라인 × 구매-온라인'인 1사분면으로 진출하는 아마존의 구체적인 사례로, 2017년 6월에 발표한 '홀푸드마켓 인수'가 떠오른다. 그러나 아마존은 홀푸드마켓을 이 사분면에 그대로 두지 않고 다른 사분면으로 옮길 가능성을 내비치고 있다. 이에 대해서는 2장에서 자세히 살펴본다.

아마존은 여러 개의 사분면을 개척하려는 '멀티채널 시프터Multi-Channel Shifter'다. 물론 채널 시프트를 진행하는 기업은 비단 아마존만이 아니며, 이미 업계별로 하나둘씩 등장하고 있다. 오프라인 매장에 주축을 둔 기업이 보기에는, 온라인 쪽 경쟁자가 지금까지와는 다른 전략으로 오프라인 영역에 진출해오는 셈이다. 온라인 경쟁자가 기존 오프라인 매장은 줄 수 없었던 구매 경험을 선보이면 고객을 빼앗길 가능성이 그만큼 커진다.

다음 장부터는 몇 가지 업계를 다루면서, 채널 시프트 매트릭스를 통해 구체적인 사례를 살펴본다.

'프레임워크'라는 공통된 도구가 있으면, 그만큼 해당 업계에도 이를 적용하기가 쉬워진다. 과연 당신의 업계에 이를 적용하면 어떤 매트릭스를 그릴 수 있을까? 그리고 누가 다음 채널 시프트를 시도할 수 있을까? 반드시 당신의 업계를 떠올리면서 앞으로 나올 사례들을 살펴보자.

2장

초격차
기업들의
채널 전략

2장에서는 현재 미국 시장에서 주목받고 있는 기업이 다수 등장한다.
채널 시프트의 선진 사례 대부분이 미국에서 나왔기 때문이다.
특히 우리는 급속하게 변화하고 있는 최근 5년간 실리콘밸리와 뉴욕, 시카고 등의
도시들을 중심으로 현지답사를 거듭해왔다.
물론 그때 접한 사례들은 어디까지나 그저 예에 불과할 수 있지만,
그 모델들은 충분히 현실에 적용할 수 있다고 판단했다.
이러한 전략과 방안에 대해 미리 알아두면 시장의 변화를 예측하고
새로운 비즈니스 모델을 구축하는 데 큰 도움이 될 것이다.

의류 업계의 채널 전쟁
: 고객의 집으로 찾아가다

　가장 먼저 살펴볼 사례는 최근 들어 채널 시프트 전략을 택하는 기업이 잇달아 등장하고 있는 '의류 업계'다. 이 업계의 대표 주자는 '유니클로'이다. 글로벌 SPA 브랜드 유니클로의 뛰어난 매장 운영은 더 말할 필요가 없다. 전 세계 어느 매장에 가더라도 유니클로의 독자적인 상품 구성과 운영 시스템 덕분에 고객들은 동일한 구매 환경에서 동일한 구매 경험을 할 수 있다. 물론 유니클로도 온라인 스토어를 갖고 있지만, 기본적으로는 오프라인 매장에 기반을 두고 있다. 이를 매트릭스로 보면 '선택-오프라인 × 구매-온라인'인 1사분면에 기반을 두었다고 할 수 있다.

한편 '선택-온라인 × 구매-온라인'인 2사분면에 기반을 둔 사례로는 조조타운을 운영하는 스타트투데이スタートトゥデイ를 들 수 있다. 의류 업계는 그동안 온라인 사업에 지나치게 소극적이라는 평을 들었다. 물론 업계 특성상 어쩔 수 없는 부분도 있었다. 상품의 컬러나 촉감, 사이즈 등은 결국 직접 입어봐야 알 수 있기 때문이다. 특히 온라인 스토어에서는 오프라인 매장과 비교해 압도적인 정보 격차가 생기기 때문에, 고객으로서는 구매 부담이 상당히 큰 편이다.

이 같은 정설을 뒤집은 것이 바로 '조조타운'이다. 조조타운은 단일 상품이 아니라 코디네이트된 사진을 올리고 스태프들이 직접 입어보고 리뷰를 게재하는 등 고객의 구매 리스크를 낮추고 있다. 스타트투데이는 관련 사업이 좋은 반응을 얻고 있는 것은 "브랜드의 세계관을 존중하고 오프라인 매장에서 구매하는 것 이상의 고객 경험 가치를 제공하기 때문"이라고 설명한다.

2004년 12월에 사업을 시작한 조조타운은 2017년 마침내 연간 취급액이 2,000억 엔(약 2조 원)을 돌파했다. 이 수치는 대형 의류업체의 연간 매출에 맞먹는다.

단순히 유니클로와 조조타운의 상황만 놓고 보면, 지금까지 이야기해온 '채널 간 경쟁'에 해당한다. 그러나 여기에 미국의 선진 사례를 더하면, 의류 업계에서 벌어지는 채널 시프트의 모습이 조금 더 뚜렷하게 보인다.

르토트
렌털을 통해 고객의 취향을 파악하다

현재 의류 업계에서 진행 중인 '채널 시프트 ①'의 경향으로 첫손에 꼽히는 것이 바로 '렌털 의류의 등장'이다. 미국의 렌털 의류업체 '르토트'는 여성 의류나 액세서리 대여 서비스를 월 49달러(약 5만 6,000원. 서비스 정도에 따라 가격대가 다양하다 — 옮긴이)에 제공하며 주목받고 있는 스타트업이다. 스스로를 '패션 업계의 넷플릭스'라 칭하며 '패션 아이템의 온디맨드On-Demand(공급자가 아닌 수요자 중심)화'를 주요 콘셉트로 잡고 있다.

르토트는 온라인에 기반을 두고, 렌털을 넘어 상품 판매까지 포함하는 비즈니스 모델을 구축하고 있다. 고객은 우선 르토트의 웹사이트에서 회원 가입을 한다. 이때 좋아하는 디자인이나 스타일, 신체 사이즈, 대여 수량 등을 선택해 회원 등급을 설정한다. 물론 이 시점에는 아직 상품을 선택할 수 없다.

그 후 르토트는 고객의 등록 정보를 기반으로 코디네이션하고, 그 의류와 액세서리를 배달한다. 이때 고객은 그 상품을 기한 없이 이용할 수 있으며, 마음에 드는 상품은 최대 50퍼센트까지 할인된 가격으로 살 수 있다.

르토트는 렌털이라는 형태로 상품을 고객에게 보내고 고객은 집이라는 오프라인 공간에서 상품을 선택하게 된다. 지금까지 오프라인 매장

■ 르토트의 채널 시프트

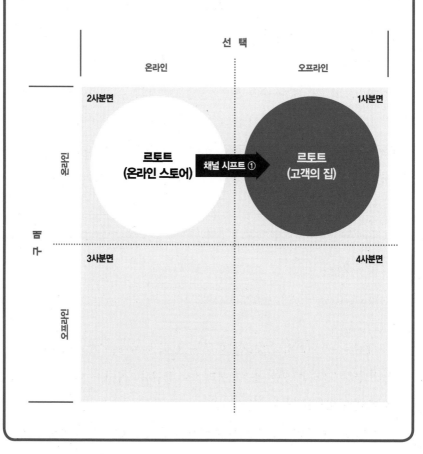

선 택

온라인　　　　　　　　　오프라인

2사분면　　　　　　　　　　　1사분면

온라인

르토트
(온라인 스토어)　채널 시프트 ①　르토트
(고객의 집)

품 근

3사분면　　　　　　　　　　　4사분면

오프라인

에서 옷을 골라(선택) 구매했던 고객에게 새로운 구매 경험을 제공한다.

이렇게 만들어진 고객과의 접점은 갈수록 크기와 강도를 더해간다. 고객의 사이즈나 취향에 맞춰 대여해준 상품을 고객이 반납하고 빌리는 횟수가 늘어날수록, 고객에게 딱 맞는 상품을 제안할 수 있기 때문이다. 이로써 르토트 입장에서도 고객의 매입률(고객이 마음에 드는 상품을 할인된 가격으로 구입하는 비율 — 옮긴이)을 높일 수 있다. 이는 의류 산업이 지금까지 해오던 '대량 예상 발주·생산 후 할인 판매'로 재고를 처분하는 방식과 크게 다르다.

르토트에서는 대량 예상 발주·생산, 혹은 완판을 위해 거액의 판촉비를 투입하는 과정 자체가 없다. 또 현금화하지 못한 대량 재고를 할인·처분할 필요도 없다. 고객과의 접점을 강화해 상품 제안의 정밀도와 매입률을 높이는 완전히 새로운 판매 방식을 실현하고 있기 때문이다.

Bonobos

보노보스

매장에서의 구매 경험을 새롭게 디자인하다

'채널 시프트 ②'의 경향을 보여주는 또 다른 사례는 '기능 특화형 매장의 등장'이다. 2007년 실리콘밸리에서 창업한 e커머스 전용 남성 의류 브랜드 '보노보스'가 대표적이다.

보노보스는 온라인 스토어를 기반으로 하고 있지만, 미 전역에 오프라인 매장을 열어 2020년에는 100개까지 늘릴 예정이다. '가이드숍'으로 불리는 오프라인 매장은 '고객이 온라인에서 선택한 상품을 입어보고 구매를 완료하기 위한 매장'이다. 구매한 상품은 그 자리에서 바로 가져갈 수 없고, 며칠 뒤 보노보스의 창고에서 고객의 집으로 배송되는 구조로 운영된다.

우리는 시카고에서 보노보스의 옷을 실제로 구매해보았다. 매장 자체는 일반적인 브랜드숍과 별반 다르지 않았다. 온라인에서 원하는 옷을 미리 선택해두고 매장에서 그것을 입어본다. 사이즈 등을 확인하고 매장에서 구매를 끝내고 빈손으로 매장을 나설 뿐이다. 이처럼 보노보스는 고객이 온라인에서 상품 라인업을 보고 선택한 뒤 구매할 때는

보노보스 매장

보노보스에서 배송된 패키지

오프라인 매장으로 오도록 고객을 유도하고 있다.

덧붙여, 보노보스의 브랜드 심볼은 닌자다. 고객센터의 메일 주소 (ninjas@bonobos.com)에 닌자가 들어가고, 상품이 배달되는 상자에도 슈트를 입은 닌자 마크가 장식되어 있다. 보노보스 관계자에게 왜 닌자인지 이유를 묻자 "(닌자만큼) 빠르게 고객을 응대하고 상품을 배송하기 때문"이라는 답이 돌아왔다. 실제로 우리가 매장을 방문하고 난 뒤 받은 세세한 안내 메일부터 상품 배송에 이르기까지 그들이 보여준 고객 서비스는 빠르고 친절했다. 보노보스가 온라인을 기반으로 확실한 운영 시스템을 갖췄음을 실감했다.

보노보스는 고객이 매장을 방문하기 전에 자신이 원하는 옷을 선택하기 때문에, 매장을 찾을 때 점원이 취향에 맞지 않는 상품을 추천하는 일이 없다. 보노보스 입장에서도 점원이 고객의 온라인 열람이나 구매 이력을 보고 대응한다면 그만큼 판매율을 높일 수 있다. 또 고객은 구매한 옷을 바로 가져가지 않기 때문에 판매한 옷을 포장하는 작업도 필요 없다. 따라서 매장 직원은 고객에게 더 좋은 브랜드 경험을 제공하는 데 전력을 쏟을 수 있다.

이러한 특성을 통해 보노보스는 '매장 공간의 효율성'까지 극대화할 수 있다. 기존 의류 매장은 남는 공간을 고려해 상당량의 재고를 안고 있다. 그러나 보노보스는 매장 내에 재고가 적기 때문에 매장 전체 공간을 고객 경험을 위한 장으로 활용할 수 있다. 입지 조건이 좋아 임대료 등이 높은 매장에서도 재고 보관에 드는 비용 자체는 낮출 수 있다.

아울러 결제는 회원 가입 시 등록한 계좌에서 이루어지기 때문에 현금을 주고받는 수고도 필요 없다. 계산대 공간도, 날마다 이뤄지는 계산대 마감 업무도 필요 없다. 이는 매장 스태프 입장에서도 매우 효율적이다.

일본에서는 '주문 슈트 브랜드' 디퍼런스Difference가 이 3사분면에 본격적으로 뛰어들었다. 앱으로 고객의 매장 방문 시간과 요청 사항을 사전에 파악하는 매장을 준비한 것이다(4장 참고). 디퍼런스는 고객이 매장을 방문할 때 서비스의 질을 높임과 동시에, 처음 판매할 때 얻은 치수 데이터를 바탕으로 다음부터는 고객 본인이 온라인 스토어에서 쉽게 주문할 수 있게 했다. 온·오프라인을 모두 활용해 우수한 고객

■ 보노보스의 채널 시프트

선 택

| 온라인 | 오프라인 |

2사분면

보노보스
(온라인 스토어)

채널 시프트 ②

3사분면

보노보스
(오프라인 매장)

1사분면

4사분면

욕구

좁음

온라인

오프라인

서비스와 효율적인 매장 운영을 다 이룬 것이다.

한편, 2017년 대형 마트 체인 월마트가 보노보스를 인수했다. 월마트가 소규모 온라인 의류 회사를 인수한 것은 채널 시프트를 통한 고객과의 접점 만들기, 타사와는 차별화된 매장 운영, 그리고 각종 데이터를 판촉·가격·상품에 활용하는 노하우 때문이었다. 이러한 장점은 다른 오프라인 매장을 혁신하는 과정에도 그대로 응용할 수 있다. '대표적인 오프라인 기업'이라고 할 수 있는 월마트의 보노보스 인수는 채널 시프트가 다른 업계에서도 빠르게 진행될 것이라는 점을 상징한다.

조조슈트

ZOZOSUIT

집에서 손쉽게 치수를 잰다

일본 의류 업계에서도 온라인 기반 기업이 채널 시프트의 새 바람을 일으키고 있다. 스타트투데이가 2017년 11월에 무료 배포를 발표한 치수 측정용 의류 '조조슈트'가 주인공이다.

전신에 딱 맞는 신축성 소재로 만들어진 조조슈트는 그 안에 센서가 내장되어 있다. 스마트폰과 블루투스로 접속한 뒤 착용하면 실제 치수를 측정할 수 있다. 옷 크기를 선택하는 데 필요한 치수 측정이 집에서 바로 끝나는 것이다. 이는 스타트투데이가 출자한 뉴질랜드의 소프트 센서 개발 기업 '스트레치센스Stretch Sense'와 공동 개발한 시스템이다.

온라인 스토어에서 옷을 고를 때는 '입어볼 수 없다'는 점이 늘 아쉽다. 그것은 오프라인 매장에 비해 결정적인 약점이다. 그러나 조조타운은 '의류 분야에서는 온라인 스토어가 불리하다'는 통념을 완전히 뒤집었다. 더 나아가 치수를 쉽게 잴 수 있게 만들어, 고객의 치수 데이터를 풍부하게 확보하려 한다. 바로 그것이 조조타운과 고객의 접점을 더 크고 강력하게 만들어준다. 더구나 온라인 스토어에서 구매해도 치수가 맞지 않는 일이 드물어 반품을 크게 줄일 수 있다.

그러나 조조슈트의 진짜 목적은 '반품 감소'와 같은 운영 효율화가 아니라 당연히 르토트가 진출해 있는 1사분면으로 나아가는 것이며, 오프라인 시장에서 고객을 빼앗는 것이다. 이 슈트만으로는 상품을 선택할 수 없지만, 고객의 상세한 치수 데이터와 온라인상의 선택·구매 이력 등을 활용해 '렌털'이라는 새로운 시장을 개척할 수 있다. 그리고 조조타운에서 새롭게 선보이는 자체 브랜드 등의 상품을 제안할 수도 있다.

의류 업계는 고객이 직접 입어보거나 만져봐야 안심하는 상품 특성상 아직까지는 오프라인 시장이 훨씬 크다. 업계의 대표 기업들이 아직 온라인 사업에 본격적으로 뛰어들지 않는 것도, 현 상황만 놓고 보면 합리적인 판단이다. 특히 그들이 오랜 기간 쌓아온 매장 운영 노하우를 생각하면, 온라인 쪽의 브랜드가 갑자기 오프라인에 진출해도 크게 우려하지 않을 수 있다.

그러나 르토트나 보노보스, 조조타운의 사례를 보면 온라인을 기반으로 한 기업은 기존과 비슷한 형태의 오프라인 매장을 내는 전략 따위는 절대 세우지 않을 것이라는 점은 충분히 예상할 수 있다. 이들은 '오프라인 매장을 운영하는 것이 얼마나 어려운지' 잘 알고 있다. 그러므로 온라인에서 키운 고객과의 접점을 무기로 오프라인 기업들은 흉내 낼 수 없는 새로운 구매 경험을 제공할 것이다. 그리고 이를 통해 더 큰 고객 접점을 얻어 온라인 쪽으로 고객을 빼앗아 오려 한다.

'오프라인에서의 경험이 중요한' 업계는 의류 분야 외에도 많다. 그러나 오히려 그런 업계일수록 '참신한 채널 시프트가 통할 여지가 있다'는 점을 의류 업계의 사례는 잘 보여주고 있다.

04

인테리어 업계의 채널 전쟁
: 오프라인을 기반으로 출발하다

　두 번째 사례는 '인테리어 업계'다. 인테리어 업계도 특성상 의류 업계처럼 온라인상에서 사업하기가 어려워 보인다. 가구는 실제로 매장에 가서 보지 않으면 색감이나 질감 등을 알기 어렵고, 막상 구매해서 배치하려고 보면 상품이 방의 크기에 맞지 않을 수도 있다. 그만큼 구매 리스크가 큰 편이지만, 인테리어 업계에서도 채널 시프트 전략은 뚜렷한 형태로 진행되고 있다.

　물론 의류 업계의 사례와 다른 점도 있다. 르토트나 보노보스가 온라인을 기반으로 하는 데 반해, 여기서 소개하는 기업은 모두 '오프라인을 기반으로' 출발했다는 사실이다. 그러나 출발점은 다르다고 해도,

이들이 모두 온라인을 기점으로 새로운 전략을 구축하고 있다는 점은 같다.

니토리 빈손 쇼핑
팔리는 제품이 아닌 '어떤' 고객이 '무엇'을 사는지 본다

ニトリ手ぶらdeショッピング

우선 인테리어 업계에서 진행 중인 '채널 시프트 ①'의 경향은 '매장의 쇼룸화'다. 오프라인 매장에서 상품을 정하고 구매는 온라인 스토어에서 하는 행동을 흔히 '쇼루밍Showrooming'이라고 부른다. 보통 '쇼루밍'이라고 하면, 기업에서는 부정적인 의미로 사용한다. 예를 들어 고객이 가전제품 판매점에서 상품이나 가격만 보고 돌아와 아마존닷컴에서 더 저렴하게 구매하는 행동을 떠올리기 때문이다.

그러나 고객이 자사의 오프라인 매장에서 상품을 정하고, 이를 자사의 온라인 스토어에서 구매한다면? 이는 기업 입장에서 결코 나쁜 이야기가 아니다. 그러한 구매 과정이 자연발생적으로 생기길 기다리지 않고, 오히려 의도적으로 노린 것이 바로 니토리의 '빈손 쇼핑'이다.

가구와 인테리어 전문 기업 니토리는 설립 초기에는 교외 지역을 중심으로 매장을 열었지만, 지금은 도심 지역에 출점하고 있다. 2017년에 들어서는 도쿄의 이케부쿠로, 메구로, 시부야 등에서도 영업을 시작했다.

교외 지점과 도심 지점의 가장 큰 차이는 '매장 방문객의 교통수단'
이다. 교외 지점은 고객이 주로 차를 이용해 방문하기 때문에 대형 주
차장을 마련해둔다. 그래서 어느 정도 큰 가구나 수납장을 사도 바로
차에 싣고 돌아갈 수 있다. 그러나 도심 지점은 그러기가 쉽지 않다. 높
은 임대료 등 매장 면적에 제약이 있어 대형 주차장을 갖추기가 어렵
기 때문이다. 또한 버스나 지하철을 타고 오는 고객이 많고, 고객이 구
매하는 상품 수가 적어지기 마련이다.

이 지점에서 니토리가 대책으로 내놓은 것이 바로 '빈손 쇼핑'이다.
이는 니토리의 공식 스마트폰 앱에 새로 추가된 기능이다. 고객은 이
앱을 켠 채로 매장을 둘러보다가 마음에 드는 상품이 있으면, 상품에
걸려 있는 바코드를 스캔해 그대로 인터넷 매장에서 구매할 수 있다.
물론 계산대에서 상품을 등록한 앱을 보여주고 그 상품을 바로 받아
갈 수도 있다.

■ 고객을 자유롭게! ■

니토리의 대안은 '고객이 온·오프라인을 자유로이 오간다'는 것을
전제로, 자사의 온·오프라인 채널을 조합해 고객의 니즈를 맞추는 것
이다.

니토리는 '오프라인 매장은 상품 선택을 위한 쇼룸으로 삼아도 좋

다'는 판단을 내리고 실제로 온라인 스토어에서 구매가 가능하도록 만들었다.

이에 대해 니토리 관계자는 이렇게 설명했다. "기업은 고객들이 다양한 소비 활동을 편리하게 할 수 있도록 지원해야 합니다." 이 시스템을 이용하는 고객은 '오프라인 매장에 있으면서 온라인 스토어에서 상품을 구매하게 된다.' 고객의 구매 행동이 온·오프라인이 경계선 없이 연결되는 것이다.

니토리는 매트릭스로 치면 오른쪽 아래의 4사분면인 '선택-오프라인 × 구매-오프라인'에 기반을 둔 기업이다. 그러나 온라인 스토어를 잇달아 오픈하면서 고객과의 직접적인 접점을 구축하고 있다. 이에 따라 '개별 고객의 특정'이 가능해져, 오른쪽 위 1사분면으로 채널 시프트를 진행하고 있다.

이 전략의 이점은 단순히 포장이나 배송 비용을 줄이는 '매장 운영 효율화'에 그치지 않고 무엇보다 고객과의 접점을 더 크고 넓게 구축할 수 있다는 데 있다.

고객이 '빈손 쇼핑'을 이용하려면 일단 니토리의 전용 앱을 내려받고 회원 가입을 해야 한다. 그 후 니토리는 이 앱을 활용해 고객에게 다양한 이벤트와 가격을 제시할 수 있다.

또 기존 오프라인 매장에서 이뤄지는 구매를 온라인 스토어로 가져오면 '무엇이 잘 팔리는지'만이 아니라 '누가 무엇을 선택하고 샀는지'를 알 수 있다. 기업으로서는 고객 속성을 바탕으로 좀 더 최적화된 상

■ 니토리의 채널 시프트

선 택

온라인   오프라인

2사분면   1사분면

니토리
(온라인 스토어)

채널 시프트 ①

니토리
(빈손 쇼핑)

만족감

3사분면   4사분면

니토리
(오프라인 매장)

불만족감

품을 만들고 관련 상품까지 두루 준비할 수 있다. 인테리어 업계는 취급하는 가구류가 커서 재고 보관에 넓은 공간이 필요하다. 따라서 재고 리스크만 줄여도 큰 이점이 된다.

물론 니토리의 전략은 아직 일부 매장에만 시범 운영되고 있다. 그러나 '온라인 스토어나 매장의 도심 출점이 상당 부분 시너지 효과를 일으키고 있다'는 평을 듣는다. 온라인 부문의 사업은 순조롭게 성장하고 있으며, 구매 고객의 50퍼센트가 도심 쪽 고객이다. 니토리의 시라이 도시유키白井俊之 사장은 다음과 같이 말한다. "앞으로 데이터를 기반으로 개별 고객에 대한 맞춤형 마케팅까지 계획하고 있습니다."

쇼룸화된 좋은 입지의 오프라인 매장을 확대해나감으로써, 니토리는 더 많은 고객과의 접점을 만들어낼 가능성이 커졌다.

이케아 플레이스
고객의 집을 쇼룸화하다

IKEA Place

또 하나의 '채널 시프트 ②'는 '먼저 온라인에서 상품을 선택하게 하고 오프라인 매장으로 유도해 이를 구매하게 만드는' 구조다. 이케아 IKEA는 니토리와 달리 매장이 아닌 '고객의 집을 쇼룸화' 하는 앱인 '이케아 플레이스'를 개발했다.

가구를 살 때는 누구나 '자기 방에 잘 어울릴지, 또 치수는 맞을지'

고민하게 된다. 이케아 플레이스는 이케아가 애플의 개발자용 툴킷을 사용해 만든 증강 현실AR 앱이다. 여기에는 소파나 테이블, 수납장 등 이케아의 상품 약 2,000점이 등록되어 있다. '이케아 플레이스'를 실행하고 방을 스캔해 사고 싶은 의자나 소파 등을 선택하면, 화면 속 자신의 방에 그 가구가 배치된 상태로 보인다.

방 안에 놓인 가구를 다양한 각도에서 볼 수 있는 것은 물론, 치수가 상당히 정확하게 산출되기 때문에 '배치하고 싶은 공간에 가구가 들어가는지'를 미리 확인할 수 있다. 마음에 든 가구는 이케아의 온라인 스토어에서 구매할 수도 있고, 실제로 이케아 매장에 가서 가구를 보고 구매할 수도 있다.

■ 채널 시프트 중인 플랫폼 기업 ■

일본에서는 이와 같은 증강 현실 기반 채널 시프트를 지원하는 플랫폼 기업도 이미 두각을 나타내고 있다. 웹에 의한 3D 시뮬레이터 기능을 가구 판매점에 제공하는 '리빙 스타일'이 주인공이다.

'리빙 스타일'은 MUJI, 프랑프랑Franc Franc, 가리모쿠ヵリモク 등 20여 개 브랜드의 약 30만 점에 달하는 인테리어 상품을 3D 데이터화한 'RoomCo AR' 시스템을 제공하고 있다.

RoomCo AR은 이케아의 증강 현실 앱과 동일한 기능을 갖추고 있다. 스마트폰 화면에 비치는 집의 공간에 가구의 3D 모형을 실제 크기로 가상 배치할 수 있다. 탭으로 조작해 가구의 방향이나 색을 바꿔볼 수 있기 때문에 '마음에 드는 가구가 실제로 내 방에 어울리는지'를 스마트폰 화면으로 확인할 수 있다. 물론 그대로 온라인 스토어에 들어가 상품을 구매하는 것도 가능하다.

가구 판매점은 대부분 카탈로그용 사진은 촬영해도 3D 데이터를 전제로 한 사진을 촬영하지는 않는다. 그러나 '리빙 스타일'은 각 사의 상품을 한 점 한 점 모든 각도에서 촬영한 뒤 필리핀의 협력사를 통해 3D 데이터로 변환한다. 이노우에 도시히로#上俊宏 사장은 그 가치를 다음과 같이 강조했다.

"이 시스템을 도입한 기업 중 한 회사는 전체 매출의 10퍼센트가 3D를 통해 이루어지고, 관련고객 수만 해도 약 5,000명에 달합니다. 소비자는 가구를 구매하기까지 매장과 집을 몇 번씩 오가며 방 크기나 마루,

RoomCo AR. 고객이 구매하고자 하는 인테리어 상품을 정확히 파악할 수 있도록 3D 데이터로 구현한 모습

■ 이케아의 채널 시프트

선　택

온라인　｜　오프라인

2사분면　　　　　　　　　　　　　　　　　　1사분면

이케아
(온라인 스토어)

채널 시프트 ②

3사분면　　　　　　　　　　　　　　　　　　4사분면

이케아
(플레이스)

이케아
(오프라인 매장)

온라인

오프라인

점 구

벽 색깔, 기존 가구의 색과 조화를 이루는지 확인하죠. 하지만 이러한 요소들을 3D 시뮬레이터에 적용하면 매장과 집을 오가는 수고가 불필요해지고, 따라서 그만큼 구매로 이어질 가능성이 커집니다."

아울러 '리빙 스타일'은 2016년 미쓰이 부동산의 기업주도형 벤처캐피털CVC, 어코드 벤처스, 덴츠 디지털 홀딩스(현 덴츠 이노베이션 파트너스) 등 3개 사를 대상으로 제3사 배정증사(기존 주주 외에 제3자에게 증자주식을 배정하는 유상증자 방식―옮긴이)를 단행했다. 이를 통해 "RoomCo AR 개발에 대한 투자를 더욱 늘릴 것"이라고 발표했다.

그들의 강점은 한 기업만을 위한 전용 시스템이 아니라는 점이다. 이러한 기술을 가진 기업이 복수의 기업에 시스템을 제공함으로써 관련 데이터와 노하우가 폭넓게 축적된다. 이에 따라 각 사의 시스템 도입 비용이 낮아지고, 인테리어 업계 전체의 채널 시프트가 빠르게 진행될 가능성이 있다.

의류가 그렇듯이, 인테리어 상품도 고객이 실제로 매장에서 보고 마음에 드는 상품을 구매하는 분야다. 게다가 사고 보니 막상 집의 크기와 맞지 않을 위험이 있고, 반품하기도 쉽지 않다. 니토리나 이케아는 온·오프라인의 채널을 유연하게 조합해 이러한 불만과 리스크를 해소했다.

니토리와 이케아 사례에서는 '오프라인 기업이 채널 시프트를 진행할 때의 조건'도 엿볼 수 있다. 그것은 바로 왼쪽 위 2사분면인 '선택―온라인 × 구매–온라인'에서 먼저 어떤 채널(온라인이든 오프라인이든)을 구축할 필요가 있다는 점, 그리고 나서 온·오프라인을 조합하여 새로운 구매 경험을 제시한다면 고객과 더 큰 접점을 얻을 수 있다는 점이다.

인테리어 업계의 사례는 온라인 채널을 통해 기존 오프라인 매장까지 활성화할 가능성을 잘 보여주고 있다.

05

식품 업계의 채널 전쟁
: 라이프 스타일에 큰 영향을 주다

그동안 식품 업계는 세븐&아이Seven&i Holdings를 비롯한 대형 업체가 온·오프라인을 융합한 방식으로 선도해왔다.

식품은 생활의 근간을 지탱해주는 상품이다. 의류나 인테리어 이상으로 오프라인 매장에서 직접 보고 골라야 마음이 놓이는 범위의 제품이다. 그러므로 우리는 다음 채널 시프트가 식품 업계에서 진행될 것으로 생각한다.

실제로 미국에서도 아마존이 식품 업계의 채널 시프트를 선도하고 있다. 특히 여기서는 이미 벌어진 사례가 아니라 앞으로 나타날 것으로 보이는 채널 시프트 사례를 아마존을 중심으로 생각해본다.

아마존프레시

고객의 라이프 스타일을 손에 넣다

2017년 3월, 아마존은 식품 분야에 특화된 e커머스 '아마존프레시'를 선보였다. 그리고 2017년 4월부터는 일본의 일부 지역에서도 운영하고 있다.

'아마존의 식품 버전'으로 평가받는 이 서비스는 고객이 주문한 식품을 아마존의 택배 서비스를 통해 집까지 배송한다. 이를 매트릭스 사분면으로 보면 2사분면인 '선택-온라인 × 구매-온라인'에 해당한다. 전형적인 온라인 업체로서, 아마존프레시는 세븐&아이가 운영하는 온라인 스토어 '옴니세븐Omni7'과 동일한 위치에 있다.

기본적으로 신선 식품은 책 등과 달리 재고 관리가 상당히 어렵다. 창고에서 오랜 기간 보관하면 부패하고, 배송에도 특별 차량이 필요하다. 상품을 받는 고객이 집에 없으면 재배달을 해야 하는 위험 요인도 있다. 그런데도 아마존이 이 분야로 진출한 것은 식품을 통해 고객의 라이프 스타일을 파악할 수 있기 때문이다.

식품은 일상에서 접촉 빈도가 가장 높은 품목이다. 하루에 세 끼를 먹는다고 보면 우리는 한 달에 약 100회, 연간 1,000회 이상 식사를 한다. 개인별로 차이는 있겠지만, 옷을 입는 횟수처럼 그 빈도가 극단적으로 다른 경우는 드물다.

어떤 식자재를 선택하고, 어떻게 먹을까? 살아 있는 한 날마다 반복되는 이 구매 행동에는 고객의 라이프 스타일이 반영되어 있다. 고객의 라이프 스타일만 알면, 압도적으로 다양한 상품을 취급하는 아마존이 '추가 이익을 얻을 기회'는 얼마든지 생긴다.

2017년 6월, 아마존은 고급 식품점 홀푸드마켓을 137억 달러(약 15조 7,550억 원)에 인수한다고 발표했다. 아마존은 인수하자마자 상품 가격을 내리는 등 그다음 단계를 향한 움직임에 나섰다.

홀푸드마켓은 미국과 캐나다, 영국 등지에서 약 470개 매장을 운영하는 전통적인 식품 소매회사다. 매트릭스 사분면으로 보면, 4사분면인 '선택-오프라인 × 구매-오프라인'에 해당하는 전형적인 오프라인 기업이다.

아마존이 식품 업계에 진출하려는 의도가 명확하다고 해도, 아마존 프레시의 대척점에 자리한 이 오프라인 기업을 굳이 인수한 이유는 무엇일까? 지금부터 채널 시프트 매트릭스를 사용해 생각해보자.

홀푸드 위드 인스타카트

Whole Foods with instacart

아마존은 왜 슈퍼마켓을 인수했을까?

아마존이 홀푸드마켓을 인수한 배경 중 하나로 '홀푸드마켓이 이미 온라인 분야에 진출한 점'을 꼽을 수 있다. 그들은 2012년 창업한 스타트업 '인스타카트'와 제휴를 맺고 이미 온라인 사업에 뛰어들었다.

인스타카트는 제휴한 슈퍼마켓에 배치된 직원이 고객 대신 상품을 구매해주는 서비스다. 공교롭게도 창업자인 아푸바 메타Apoorva Mehta는 아마존 출신이다. 그는 2017년 5월 현재 미국 전역의 100여 개 도시에서 홀푸드마켓을 비롯한 소매업체와 제휴해 구매 대행·택배 사업을 하고 있다.

인스타카트를 통한 홀푸드마켓의 구매 경험은 매우 간단하다. 고객은 인스타카트의 e커머스 사이트에 접속해 원하는 상품을 보유하고 있는 슈퍼마켓이나 매장을 선택한다. 이는 기존 온라인 스토어에서 상품을 구매하는 것과 다를 것이 없다. 재고가 없으면 대체 상품을 제안한다. 결제는 사전에 등록된 신용카드로 이루어지기 때문에 선택부터 구

홀푸드마켓의 매장, 그리고 매장 안에 설치된 인스타카트의 픽업 코너

매까지 모든 과정이 온라인상에서 끝난다. 주문 내용은 각 매장에 상주하는 '인스타카트 담당자'의 단말기에 표시된다. 그는 주문 명세에 따라 매장을 돌며 상품을 찾아 봉지에 담아둔다.

상품을 받는 방법은 크게 두 가지다. 첫째, 매장에 들러 직접 찾아가길 원한다면 주문할 때 '픽업'을 선택한다. 매장 입구 쪽에 인스타카트 전용 보관함이나 아이스박스를 갖춘 픽업 코너가 있어, 거기에서 결제 코드를 보여주고 상품을 찾으면 된다.

둘째, 집에서 물건을 받고 싶으면 '배달'을 선택한다. 시간대에 따라 요금은 달라지지만, 인스타카트의 직원이 구매한 상품을 직접 집까지 가져다준다.

홀푸드마켓은 이 서비스의 인프라라 할 수 있는 e커머스 시스템, 구매 직원, 배달 직원을 인스타카트와 제휴하여 해결했다. '매장에서 직접 출하하는 형태의 e커머스 시스템'을 서비스 회사가 자체적으로 하지 않고, 인스타카트와 손잡아 투자 리스크를 줄인 것이다.

한편 인스타카트는 홀푸드마켓을 비롯한 여러 제휴사에 시스템을 제공한다. 이로써 개발비나 운영비 부담을 줄이고, 대규모 투자비용을 조기에 회수할 수 있다. 또 구매 직원과 배달 직원 같은 노동력은 공유경제를 활용해 조달함으로써 고정비 부담을 낮출 수 있다. 인스타카트의 CEO인 아푸바 메타는 자사의 형태를 "구매 고객과 소매업자에게 소프트웨어를 제공하는 시스템 회사"로 표현한다.

말하자면 가장 전통적인 '선택-오프라인 × 구매-오프라인' 4사분

■ 홀푸드마켓의 채널 시프트 ①

선 택

온라인 · 오프라인

2사분면 · 1사분면

인스타카트

제휴를 통해
양쪽에 대응

3사분면 · 4사분면

홀푸드마켓

면의 홀푸드마켓이 인스타카트라는 온라인 기업과 손을 잡으며, '선택
-온라인 × 구매-온라인' 2사분면으로 진출하게 된 것이다.

아마존의 홀푸드마켓 인수 소식을 접한 '또 다른 대형 슈퍼' 알버슨
Albertsons도 인스타카트에 제휴를 제안했다. 미국 상위 5위권의 대형
슈퍼와 추가 제휴가 발표되면서, 아마존의 오프라인 기업 인수가 기존
업체들의 온라인 사업에도 불을 붙이고 있다.

홀푸드마켓

Whole Foods Market

온·오프라인 경계를 없애 관리하다

아마존은 인수한 홀푸드마켓과 온라인에 기반을 둔 자사의 비즈니
스가 상승 효과를 일으킬 것으로 기대한다. 홀푸드마켓이 인스타카트
와 제휴해 온라인 사업을 시작했다는 것은 그들이 상승 효과를 만들어
낼 요건을 이미 갖추고 있다는 사실을 의미한다.

우선 첫 번째 요건은 '매장의 재고 정보 가시화'다. 이는 온·오프라
인 양쪽을 대응하는 데 필수적인 요건이다. 만일 고객이 온라인상에서
선택한 상품이 실제 홀푸드마켓 매장에 없다면, 고객에게 픽업 서비스
를 제공할 수 없다. 비록 인스타카트와의 제휴를 통해서이긴 하지만,
상품 정보를 온·오프라인 양쪽에서 경계선 없이 관리하는 시스템을
홀푸드마켓은 이미 갖추고 있다.

두 번째 요건은 '모바일을 활용한 사전 결제 대응'이다. 만일 이것이 불가능하다면, 고객이 매장에 가지 않은 채 상품을 선택하고 구매까지 완료할 수 없다.

마지막 세 번째 요건은 홀푸드마켓 고객들이 '매장 방문 전 주문 & 매장 픽업'이라는 온·오프라인 융합형 구매 경험에 이미 익숙하다는 점이다. 도시에 사는 소비자들에게 스스로 매장에 들러 상품을 찾는 것은 어려운 일이 아니다. 대부분 회사나 학교를 오가며 대중교통을 활용하기 때문에, 역 주변 매장에 들러 상품을 쉽게 찾을 수 있다. 홀푸드마켓의 고객은 그 구매 경험의 가치를 잘 알고, 또 거기에 익숙해져 있다. 이러한 고객층의 존재는 인수 이후의 비즈니스를 생각할 때 잠재적 가치가 크다고 할 수 있다.

언뜻 당연해 보이는 이 세 가지 요건이 온라인 기업인 아마존이 홀푸드마켓을 인수할 가치가 충분하다고 판단한 근거다. 홀푸드마켓이 인스타카트와 제휴하여 키워온 자산은 그대로 아마존과의 업무 협업, 제휴 등에 폭넓게 활용할 수 있기 때문이다.

그렇다면 아마존은 앞으로 홀푸드마켓과 인스타카트의 제휴에 어떻게 대응해나갈까?

최근 '아마존이 인스타카트와의 계약을 지속하는 한편, 아마존프레시의 비즈니스는 조금씩 축소해나갈 것'이라는 외신 보도가 있었다. 그러나 우리는 상황이 그렇게 변한다고 해도 아마존의 식품 사업이 홀푸

■ 홀푸드마켓의 채널 시프트 ②

선 택

온라인   오프라인

2사분면   1사분면

온라인

인스타카트
또는 아마존?

구
매

양쪽의 제휴
혹은 일체화

3사분면   4사분면

오프라인

홀푸드마켓

드마켓을 활용했을 때 몇 가지 문제를 해결할 수 있을 것으로 본다.

■ '물류 거점'으로 활용한다 ■

우선, 아마존의 식품 사업은 '물류 거점' 문제를 해결할 수 있다. 신선 식품은 단기간에도 부패하기 때문에 물류 창고에서 재고를 떠안는 데 상당한 위험 요소가 따른다. 그러나 물류 창고가 아니라 매장에서 직접 재고를 관리한다면 어떨까? 신선도를 관리하며 그 자리에서 바로 판매도 할 수 있다. 홀푸드마켓이 보유한 약 470개 매장은 고객의 생활권 가까이에 분산 배치된 '물류 거점 네트워크'이기도 하다. 온라인에 기반을 둔 아마존으로서는 창고와 매장 모두 물류 거점으로 본다면 동일한 대상이나 마찬가지다.

홀푸드마켓 인수를 발표하기 전에 아마존은 드라이브스루 전용의 '아마존프레시 픽업Amazon Fresh Pickup'이라는 실험 매장을 운영했다. 이 실험 매장은 고객이 스스로 상품을 구매하는 공간이 아니다. 300평 남짓한 창고에 고객이 온라인으로 구매한 물건을 받는 전용 주차공간만이 갖춰져 있을 뿐이다. 온라인에서 주문하고 최단 15분 만에 물건을 찾을 수 있으며, 구매한 상품을 직원이 주차공간까지 가져다준다. 고객은 차에서 내릴 필요도 없다.

아마존은 이미 홀푸드마켓을 인수하기 전부터 창고와 매장을 동일시하는 '클릭 앤드 컬렉트Click & Collect형'◆ 쇼핑 스타일을 표방해왔다. 어쩌면 홀푸드마켓 매장을 창고로 활용하는 계획은 아마존으로서는 지극히 당연한 발상이었을지 모른다.

■ '브랜드에 대한 신뢰'를 얻다 ■

그다음으로, '브랜드에 대한 신뢰'를 얻을 수 있다. 아마존프레시는 기존 아마존의 택배 모델을 식품에 응용한 것이지만, '고전 중'이라는 평이 나올 만큼 사업 운영에 어려움을 겪어왔다. 식품은 실제보다 고객의 인식 자체가 품질 판단에 영향을 미친다. 아마존이 아무리 편리하다고 해도 고객이 매장을 찾아 직접 신선도를 확인하며 오랜 세월 쌓은 신뢰는 얻기 힘들다. 따라서 홀푸드마켓을 인수하고 자사 브랜드로 활용할 수 있다면, '브랜드의 신뢰도' 문제를 한 번에 해결할 수 있다.

고객에게 단시간 내에 도달할 수 있는 지역에 적절하게 배치된 물류 거점, 그리고 고객과 오랫동안 쌓아온 신뢰, 이에 더해 각 매장의 신선도 관리 노하우나 상품별 매입(납품 및 유통) 경로 확보 등은 식품 사업 확장에 한층 더 속도를 내고 싶어 하는 아마존에게 큰 매력일 것이다.

◆   상품을 온라인상에서 클릭해 구매하고, 구매한 상품을 한곳에서 찾아가는 형태의 구매 방식을 말한다.

■ 새로운 구매 경험을 제공하고 데이터를 얻는다 ■

그렇다면 아마존은 앞으로 홀푸드마켓을 어떻게 바꿔나갈까? 아마존은 홀푸드마켓의 오프라인 유통망을 이용해 온·오프라인을 융합한 '새로운 구매 경험'을 제공함으로써 고객과의 접점을 더욱 넓혀갈 것이다. 그렇다면 그것은 구체적으로 어떤 경험일까? 이를 채널 시프트 매트릭스를 통해 파악해보자.

우선 홀푸드마켓에서 물건을 구매할 때 아마존 아이디와 아마존 계정의 결제 수단을 그대로 이용해 채널 시프트 ①, 즉 '선택-오프라인 × 구매-온라인'으로 나아간다면 어떨까? 앞서 살펴본 '아마존고 형태'의 매장으로 변신하는 것이다.

이 매장의 구매 경험을 한번 상상해보자. 고객은 매장에서 아마존 앱을 켜고 식자재 등의 상품을 카트에 넣는다. 그렇게 고른 물건을 가지고 매장 문을 나서면 끝! 매장을 나서는 순간 앱을 통해 온라인 결제가 이루어지므로 계산대에서 비용을 내는 수고 따위는 필요 없다.

또는 상품을 일일이 카트에 담지 않고, 앱에서 QR코드를 읽어 상품을 선택한 뒤 집으로 물건을 배송받는 형태도 가능하다. 고령자나 아이들을 데려온 고객이 높은 선반 위 물건을 꺼내기 위해 팔을 뻗거나, 구부려 앉아 선반 아래 물건을 빼내는 것은 상당히 힘든 일이다. 또 이를 끙끙대며 계산대로 가져가고, 계산된 물건을 일일이 봉지에 담아 귀가하는 일 역시 중노동이요 스트레스가 된다.

■ 홀푸드마켓의 채널 시프트 ③

선 택

온라인   오프라인

2사분면	1사분면

온라인

아마존 → 채널 시프트 ① → '아마존고' 형태의 매장

구 매

3사분면	4사분면

오프라인

홀푸드마켓

한편 식품은 품질이나 신선도를 제 눈으로 확인한 뒤 구매하고 싶어 하는 소비자들의 욕구가 강하다. 이는 온라인상의 고객 접점이 없는 다른 매장에서는 실현하기 어렵기 때문에, 새로운 구매 경험이 될 거라고 추측할 수 있다.

실제로 이러한 매장은 이미 존재한다. 알리바바가 출자한 중국의 회원제 슈퍼마켓 '허마셴성盒马鲜生'이 그 주인공이다. 허마셴성의 오프라인 매장을 방문한 고객은 스마트폰 전용 앱을 켜고, 매장을 돌며 상품 가격표를 스캔한다. 스마트폰의 GPS를 통해 고객이 있는 매장이 나타나고 그 재고가 표시된다. 계산은 알리바바가 제공하는 모바일 결제 플랫폼 '알리페이'를 통해 이뤄진다. 이에 따라 허마셴성은 고객과 고객이 구매한 상품을 한 번에 파악할 수 있다. 구매한 상품은 그대로 매장에서 가져갈 수 있지만, 배달을 선택할 수도 있다. 게다가 고객의 집이 매장 반경 5킬로미터 안에 있으면 30분 안에 배달된다.

아마존이 홀푸드마켓을 구매 경험이 가능한 매장으로 변모시켜나간다고 해도 특별히 이상할 것이 없다. 일련의 구매 경험을 통해 홀푸드마켓은 고객과의 접점을 더 넓고 강하게 구축할 수 있다. 지금까지 매장을 방문하긴 했지만 그 '개별 고객'이 누구인지, '무엇을, 어느 정도나 샀는지' 파악하기는 어려웠다. 그러나 온라인상의 접점이 있으면, 이러한 이력을 기초로 '고객별 맞춤 정보나 가격'을 제공할 수 있다.

■ 홀푸드마켓의 채널 시프트 ④

선 택

온라인 / 오프라인

2사분면

아마존

채널 시프트 ②

1사분면

욕 구

3사분면

'아마존북스'
형태의 매장

4사분면

홀푸드마켓

용이함 / 어려움

■ '안심'이라는 가치로 고객과 연결된다 ■

그렇다면 이제 채널 시프트 ② '선택-온라인 × 구매-오프라인'으로 진출한다면 어떤 매장이 될지도 상상해보자. 바로 홀푸드마켓의 매장에서 온라인 정보에 접속해 상품을 선택하고 그대로 오프라인 매장에서 구매할 수 있는 '아마존북스 형태'의 매장으로 나아가는 것이다.

이 매장에서 누리는 구매 경험은 다음과 같다. 우선 고객은 매장에서 아마존 앱을 켜고 매장에 진열된 식자재를 스캔한다. 그러면 온라인상에서 채소의 산지나 생산자 정보, 고객 리뷰 등을 볼 수 있다. 프라임 회원과 일반 고객은 각각 다른 가격이 표시된다. 여기서도 고객별로 대응하는 '개별 마케팅'이 가능하므로 고객에 따른 맞춤형 정보나 가격을 제공할 수 있다.

또 아마존 아이디와 연계해 '개별 고객'을 인식하면 매장에서 상품을 제안하는 폭도 크게 넓힐 수 있다. 먹는 것은 곧 건강과 직결된다. 고객의 건강 상태에 따라 식자재를 추천하고, 더 나아가 조리법이나 메뉴를 맞춤형으로 제안할 수 있는 것이다. 오프라인 매장에서는 상품 진열에 공간적 한계가 있지만, 온라인 공간이라면 자유롭다.

앞으로 집에 있는 식자재를 데이터로 관리하는 냉장고가 등장할 것이다. 그것을 앱에 통합하면 메뉴에 따라 추가로 사야 할 식자재를 매장에서 확인할 수 있다. 아마존에코를 고객의 집에 비치해 실내 사물인터넷 가전을 제어할 수 있게 하려는 아마존이라면, 그런 예상도 충분히 가능하다.

식품 매장에서 온라인 상품 정보를 제공하는 것은 밀라노의 생활협동조합이 이미 2016년 12월에 시도한 바 있다. 이 매장은 MIT 센서블시티랩Senseable City Lab의 책임자이자 디자인 사무소 '카를로 라티 아소치아티Carlo Ratti Associati의 공동 설립자인 카를로 라티Carlo Ratti가 진두지휘한 것으로 알려져 있다.

매장 내 신선 식품 코너에는 상품 정보를 설명하는 모니터가 설치되어 있다. 고객이 매장에서 인삼을 집으면 인공 감지 센서, 몸짓과 음성으로 움직이는 마이크로소프트 키넥트 센서가 반응해 영양 성분이나 가격, 농약이나 비료, 알레르기를 일으킬 수 있는 물질, 산지부터 매장에 진열될 때까지의 전 과정이 표시된다.

그들은 첨단 기술을 매장에 도입해 고객에게 '식품에 대한 안심(신뢰)'을 가장 중요한 가치로 제공한다. 이에 따라 고객의 구매 경험은 깊이를 더하게 되고, 결과적으로 매장 가격을 유지하면서 더 높은 부가가치를 창출할 수 있다. 아울러 고객의 재구매율을 높여 장기적이고 지속적인 수익까지 기대할 수 있다.

■ 아마존이 일본의 슈퍼마켓을 인수한다면? ■

〈월스트리트저널Wall Street Journal〉은 다음과 같이 보도했다. "아마존은 오프라인 매장 사업과 식료품 등의 즉시 배달 사업을 통합했다." 그 책임자로 임명된 스티브 케셀Steve Kessel은 이미 아마존북스, 아마존고 등을 성공적으로 운영하게 만든 인물이다. 케셀은 앞으로 홀푸드마켓에 더해 연회비 99달러(약 11만 4,000원)로 구매한 상품을 두 시간 안에 배송받는 프라임나우Prime Now, 아마존프레시, 아마존북스, 아마존고까지 총괄한다.

향후 홀푸드마켓이 어떤 방향으로 사업을 혁신해나갈지 추측이 난무하는 가운데, 우리가 그 내막과 전망까지 세세하게 알 수는 없다. 다만 홀푸드마켓의 고객 아이디를 아마존의 프라임 회원 아이디와 통합하고, 매장을 고객의 주거 지역에 가까운 물류 거점으로 간주해 새로운 구매 경험을 제공할 가능성만큼은 충분해 보인다. 그것은 아마존고 형태일 수도 있고 아마존북스 형태일 수도 있다. 혹은 어느 한 가지 형태가 아니라 '양쪽을 통합한 형태'일 수도 있다.

그렇다면 아마존이 일본의 식품 소매업체를 인수하여 일본 시장에 본격적으로 뛰어든다면 어떻게 될까? 모르긴 몰라도, 인구 감소와 고령화가 급속히 진행 중인 일본에서도 배송 서비스를 조합한 '아마존고 형태'의 슈퍼마켓은 충분히 성공할 만한 가능성이 있을 것이다.

식품의 품질을 중시하거나 온라인에서 메뉴 제안을 원하는 니즈는 지금도 뚜렷하게 나타나고 있다. 그러므로 아마존북스 형태의 슈퍼마켓도 고객의 지지를 충분히 얻을 수 있다. 가능성이 아예 없는 것은 아니다. 정말로 그런 매장이 실현된다면, 오프라인 매장을 주력으로 삼아

온 기존 식품 소매업체는 엄청난 변화의 파고에 직면하게 될 것이다.

채널 시프트는 앞으로 더욱 치열해질 경쟁이요 전쟁이다. 식품 업계의 사례를 통한 사고실험은 업계의 변화 징후를 다루는 과정이 얼마나 중요한지를 우리에게 여실히 보여주고 있다.

택시 업계의 채널 전쟁
: 온라인이란 날개를 달다

우버 vs 택시
e커머스 물결이 밀려온다

마지막으로, 소매기업 이외의 업종을 살펴보자. 현재 채널 변화에
누구보다 과감히 뛰어들고 있는 '택시 업계'가 그 주인공이다. 그동안
택시는 승차장에서 대기 중인 차량이나 지나가는 차량을 잡아타고, 목
적지에 도착하면 기사에게 요금을 내는 방식으로 이용했다. 오프라인
에서 선택하고 구매하는 전형적인 오프라인 업계인 것이다.

택시 업계에 온라인을 기반으로 한 비즈니스 모델을 도입한 것이 '우버Uber'다. 우버는 등록된 일반 운전자와 그리고 자동차로 이동하고 싶은 사람을 서로 연결해주는 '승차 공유 서비스' 기업이다. 2009년 스타트업으로 창업해, 지금은 전 세계 70여 개국에서 사업을 운영하고 있다. 얼마 전 소프트뱅크가 우버 주식 15퍼센트를 취득한 소식이 보도되는 등 우리에게도 여러모로 낯익은 기업이다.

우리도 미국 등에 출장을 가게 되면 우버로 이동하는데, 매우 간단하게 이용할 수 있다. 우버 앱을 켠 채 차량 종류를 정하고, 목적지와 승차 위치를 송신하면 차량이 배정된다. 매칭된 운전자의 현 위치가 차종과 차량 번호, 운전자에 대한 과거 평가 정보 등과 함께 표시된다. 시간대나 지역별로 조금씩 다르지만, 대략 5분 정도면 가장 가까운 곳의 운전자가 도착해 목적지까지 데려다준다.

도로가 혼잡할 때는 요금이 조금 비쌀 수 있지만, 평균적으로는 일반 택시보다 저렴하고 타기 전에 요금을 미리 알 수 있다. 요금은 등록된 신용카드에서 온라인 결제되고, 영수증도 이메일로 온다. 그러므로 운전자와 비용 등을 두고 따로 이야기할 필요가 없으며, 목적지에 도착해 차에서 내리면 그만이다.

운전자에 대한 평가는 하차한 뒤 온라인에서 등록할 수 있다. 주행 경로와 현재 위치를 모두 앱에서 확인할 수 있으므로 운전자가 길을 돌아가도 불안해하지 않아도 된다. 목적지를 변경하고 싶을 때는, 주행 중 앱에 입력하면 운전자의 스마트폰으로 즉시 전송되기 때문에 혼선이 생길 우려도 없다. 고백하자면, 처음 우버를 이용했을 때 이용과 배차, 요금 결제가 간단하고 편리해 큰 충격을 받았다.

우버는 택시 업계라는 오프라인 업계에 스마트폰 하나로 온라인 비즈니스 모델을 도입한 기업이다. 그러나 '승차 공유' 비즈니스는 현재 전 세계 각국에서 위법인 경우가 많다.

예를 들어 일본에서는 일반 운전자가 자가용으로 고객을 운송하고 요금을 받으면, 이른바 '불법 택시'로 간주된다. 결국, 우버는 일본의 현행법에서는 정상적인 영업 자체가 불가능하다.

이 같은 문제는 다른 나라에서도 벌어져, 관련 법을 개정하자는 논의가 이루어지며 기존 택시 사업자들에게서 강한 반발을 불러일으키고 있다. 우버의 비즈니스 모델은 기존 업계 질서를 완전히 무너뜨릴 만큼 혁신적이다.

■ 과감하게 이동할수록 고객은 편해진다 ■

우버는 차량 선택과 구매가 모두 온라인에서 끝난다. 말하자면, '택시의 e커머스 기업'이다. 오프라인 매장에 해당하는 차량은 아예 보유하고 있지 않다. 이에 반해 차량을 보유하고, 승차장 등의 오프라인에서 고객을 태우고, 하차할 때 차량에서 결제하는 택시회사는 기존 오프라인 기업이다.

■ 택시 업계의 채널 시프트 ①

선 택

온라인   오프라인

	온라인	오프라인
온라인	2사분면 우버	1사분면
오프라인	3사분면	4사분면 기존의 택시회사

구 매

대행 축

이 지점에서 한 가지 오해를 피하고 싶다. 우리는 여기서 일본의 우버 도입에 대해 찬반을 논하려는 것이 아니다. 그보다는 우버가 '기술'이라는 차별점으로 기존 업계에 뛰어들었으며, 지금 택시 업계에서 온라인과 오프라인의 대항 축을 사이에 두고 치열한 싸움이 벌어지고 있다는 사실을 말하려는 것이다.

이러한 상황에서 '일본의 택시 업계' 역시 과감히 채널 시프트를 시도해 고객의 편의성을 높이려 한다.

대표적인 사례가 일본교통의 자회사인 재팬택시JAPANTAXI가 운영하는 차량 배차 앱 '전국택시'다. '전국택시'는 일본 전역에서 사용할 수 있으며, 대응 차량 수는 2017년 기준으로 이미 5만 대를 넘어섰다. 아울러 2020년까지 그 수를 더 늘려나갈 예정이다.◆

고객이 앱을 켜고 목적지와 승차 위치를 입력하면 배차, 즉 '선택'이 끝난다. 택시회사도 선택할 수 있고, 목적지까지 요금도 미리 검색할 수 있다. 또 택시회사별로 다르지만 각종 인터넷 결제도 가능하며, 하차할 때는 온라인으로 결제를 끝낼 수 있다. '전국택시'라는 채널을 가짐으로써 택시 업계는 왼쪽 위 2사분면 '선택-오프라인 × 구매-온라인'으로 진출하게 된 것이다.

◆ 일본교통은 도쿄를 거점으로 한 일본 최대의 택시회사다. 이 회사가 운영하는 전국택시는 일본명 '젠코쿠타쿠시'로 2019년 9월, JAPAN TAXI로 명칭을 변경했다. 2018년 8월 기준 전국 약 800개 택시 사업자와 업무 제휴를 맺고 있다.

■ 오프라인의 장점도 놓치지 않는다 ■

이때 눈에 띄는 대목은 일본의 택시 업계가 '전국택시'로 구축된 고객과의 접점을 사용해 매트릭스의 오른쪽 위인 1사분면, 그리고 왼쪽 아래 3사분면까지 빼놓지 않고 챙기려 한다는 점이다. 대응할 수 있는 차량이 아직 한정되어 있지만, 간혹 길에서 잡은 택시를 타도(선택은 오프라인), 승객 좌석 앞에 설치된 디스플레이에 QR코드를 표시해 온라인상에서 비용을 결제할 수 있게 만들었다(구매는 온라인).

또 택시는 원래 개별 차량에서 결제가 이뤄지기 때문에, 예를 들어 '전국택시'에서 배차했더라도(선택은 온라인) 요금은 하차할 때 현금으로 내도 상관없다(구매는 오프라인). 이처럼 일본 택시 업계는 오프라인에서 온라인으로 진출해, 이곳을 기점으로 두 가지 채널 시프트를 일으켰다고 할 수 있다.

택시 업계가 앱을 통한 배차와 결제를 진행한 배경에는 해외에서 일본을 방문한 '인바운드 고객'의 증가도 있다. 이들과 말이 통하지 않아도 원활하게 서비스를 제공하고, 그에 더해 모바일 결제가 발달한 중국 같은 나라에서 온 고객에게 적극적으로 응대하기 위해서다. 또 한국 등의 해외 배차 앱과도 제휴에 나서고 있으며, 향후 온라인상의 선택과 구매가 필수적인 '택시의 자율 운전'까지 계산에 넣고 있다.

2017년 10월에는 제일교통산업*이 세계 최대 택시 배차·승차 공유 서비스를 자랑하는 중국의 디디추싱滴滴出行과 손을 잡는다고 발표했다. 2018년 봄까지 도쿄 시내에서 배차 앱을 사용하는 서비스를 시작한다는 것이다. 우버를 기점으로 택시 이용에 대한 고객들의 구매 행동이 온·오프라인을 조합한 형태로 나아가는 가운데, 일본의 택시 업계가 선보인 일련의 채널 시프트는 새로운 발전 방향을 그리고 있다.

한편 우버는 2014년 합승 서비스를 제공하는 '우버풀UberPool'을 선보였으며, 2017년에는 고객이 운전자가 태우기 쉬운 장소까지 몇 블록 걸어오면 요금을 더 싸게 해주는 '우버익스프레스풀Uber Express Pool'을 정식으로 출시했다. 이 모든 것이 고객과의 접점을 살리는 새로운 제안이다.

아울러 재팬택시도 국토교통성이 2018년 1~3월까지 진행하는 '합승 택시 실험'에 참가한다고 발표했다.♦♦ 일본 택시 업계가 준비 중인 다음 도전은 이미 확보한 고객과의 접점을 통해 새로운 구매 경험을 제시하는 것이다.

차량과 운전자 모두 갖지 않은 우버와 둘 다 보유한 택시회사는 기본적으로 비즈니스 모델 자체가 다르기 때문에 동일한 시책을 내기 힘들다. 그러나 그렇기 때문에 오히려 택시회사만이 할 수 있는, 고객과의 접점을 살리는 서비스를 기대할 수 있다. 실제로 택시 업계에서는 '출산이나 요양 중 이용할 수 있는 택시'처럼 고객의 니즈에 맞춘 상품

♦　후쿠오카 일대를 기반으로 택시를 비롯해 노선버스, 더 나아가 부동산 사업까지 운영하는 종합 교통기업

♦♦　이 실험 결과 만족도가 높아 2019년 3월, 일본 정부는 택시 합승을 전면 허용하기로 했다.

■ 택시 업계의 채널 시프트 ②

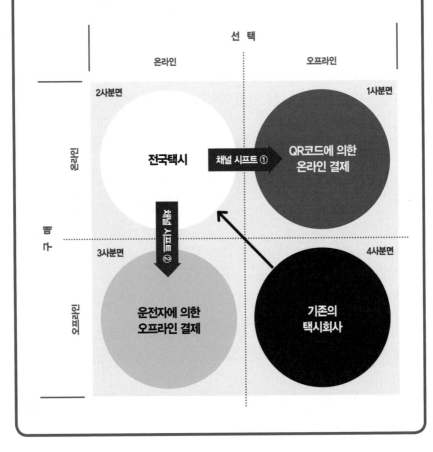

선 택

온라인   오프라인

2사분면   1사분면

온라인

전국택시   채널 시프트 ①   QR코드에 의한
온라인 결제

채널 시프트 ②

수 요

3사분면   4사분면

오프라인

운전자에 의한
오프라인 결제   기존의
택시회사

을 적극적으로 개발하고 있다.

일본 택시 업계가 주도하는 채널 시프트는 이제 막 시작되었다. 온라인에서 확보한 고객 접점을 더 유용하게 활용할 수 있다면, 고객별로 특화된 가격과 서비스를 제안할 수 있기에 우버 같은 기업은 제공하기 어려운 구매 경험도 실현할 수 있다. 택시 업계의 과감한 전략과 혁신에 대한 노력은 오프라인에 기반을 둔 서비스 기업의 채널 시프트 사례로서 배울 점이 많다.

■ 고객의 구매 행동을 의도적으로 설계하라 ■

지금까지 의류와 인테리어 업계를 중심으로 채널 시프트 사례를 살펴보았다. 또 앞으로 채널 시프트가 일어날 가능성이 큰 업계로 식품 업계를 다루며, 거기에서 어떤 새로운 구매 경험이 일어날 수 있는지를 하나의 사고실험으로 생각해보았다. 아울러 굳이 소매업이 아닌 택시 업계에도 채널 시프트 매트릭스를 대입하여 일본의 택시 업계가 나선 과감한 도전 과정도 살펴보았다.

이러한 사례들을 통해 말할 수 있는 것은 채널은 이미 '온라인 vs 오프라인'이라는 단순 도식만으로 다룰 수 없다는 점이다. 새로운 하이브리드 타입이라 할 '온·오프라인을 융합한 사분면'에서 벌어지는 고객 쟁탈전이 이미 각 업계에서 시작되었거나, 징후가 드러나고 있다.

그동안 온·오프라인을 갈라놓은 장벽은 지금 개별 기업들의 전략을 통해 파괴되고 있다. 그리고 초점은 이미 채널을 설치하는 것 자체가 아니라, 그 조합을 통해 '어떻게 차별화된 구매 경험을 제공하고 고객과의 접점을 창출할 수 있는지'로 옮겨가고 있다. 온·오프라인 양쪽에 채널을 설치했다 하더라도, 그곳에 독자적인 구매 경험이 없으면 고객이 이용할 가치도, 고객과의 접점도 생기지 않는다.

중요한 것은 이 매트릭스를 네 가지 사분면으로 분류하는 기준에 '기업의 전략 의도'가 담긴다는 점이다. 이는 '고객이 각 사분면에서 구매할 수 있는지 여부의 상황'이 아니다.

온·오프라인 양쪽에 매장이 있다면, 고객이 오프라인 매장에서 상품을 선택하고 온라인 스토어에 접속해 구매할 수 있다. 마찬가지로, 사전에 온라인 스토어에서 상품을 선택하고 오프라인 매장에 가서 구매하는 방법 역시 가능하다. 그러나 그것은 고객이 '가끔 그렇게, 혹은 우연히 그렇게 했을 뿐'이다. 다분히 자연발생적으로 벌어지는 상황이며, 거기에는 어떤 전략적 의도도 없다.

하지만 채널 시프트는 고객의 구매 행동이 그저 운 좋게 자사에서 완결되기를 기다리는 싸움이 아니다. 기업이 '의도적으로' 그것을 설계하지 않으면, 고객을 자사 채널로 끌어올 수 없다.

앞서 이야기한 아마존대시나 아마존북스는 모두 고객이 온·오프라인을 자유로이 오가며 자사의 채널 안에서 움직이도록 '의도적으로' 설계되어 있다. 르토트, 보노보스의 채널 역시 모두 고객의 구매 행동을

'의도적으로' 디자인한 결과다.

　온·오프라인 양쪽을 유연하게 조합하여 고객이 매력적인 구매 경험을 할 수 있게 만드는 것, 바로 그것이 고객과의 접점을 만들어 독자적인 전략과 차별화된 강점을 도출해내는 길이다.

3장

팔지 말고,
연결하라!

온·오프라인 기업 간의 싸움은 지금껏 모든 업계에 존재해왔다.
그러나 '채널 시프트'가 진행 중인 새로운 형태의 싸움에서는
'온·오프라인의 유연한 조합'이라는 발상이 무엇보다
중요하다는 점을 이미 확인했다.
이를 위해서는 일단 '매장 지상주의'라는 사고에서 벗어날 필요가 있다.
3장에서는 채널 시프트 전략을 고심하기에 앞서 지금까지 소매업에서 채널이
진화해온 과정을 살펴본다. 기존의 사고 틀이 채널 시프트를 진행하려는
기업의 전략과 전혀 다르다면, 아마 대응책을 찾기는커녕 싸움 자체를 할 수 없을 것이다.
따라서 '채널론'의 변천 과정을 확인해둔다면 우리 생각이 현재 머무르고 있는 지점을 알고
변화를 고려하는 데 중요한 토대가 될 수 있다.

디지털 시대,
마음을 얻는 채널 전략

지금까지 마케팅에서 채널론은 '자사 브랜드에 대한 고객의 관심과 지지를 얻기 위해 채널을 어떻게 통제하느냐'는 관점에서 연구되어 왔다. 채널 형태가 변화한 과정 역시 그 시점에 따라 연구되어 매우 알기 쉬운 형태로 분류되어 있다.

다음 페이지의 도표는 우리가 다양한 연구자들에게서 힌트를 얻어, 과거 채널론에 등장했던 분류와 정의를 순서대로 정리한 것이다.

우선, '싱글 채널Single Channel'은 단순하다. 하나의 매장만 운영하는 방법으로, 고객과 상품·판촉 모두가 하나만 존재하는 매장을 중심으로 통제되는 것을 말한다. 일반 상점가에서 흔히 볼 수 있는 '개인 가게

■ 채널 형태의 변화 과정

	고객 접점	소매 측의 대응
싱글 채널	**단일 접점**	**단일 판매 채널뿐**
멀티 채널	**복수 접점** (고객마다 개별적으로 존재)	**복수의 판매 채널 준비**
크로스 채널	**복수 접점** (한 명의 고객에게 복수의 접점 준비)	**채널을 횡단한 고객 관리가 불가능**
옴니 채널	**복수 접점** (한 명의 고객에게 복수의 접점 준비)	**채널을 횡단한 고객 관리 가능**

출처: 전미소매협회National Retail Federation, NRF의 〈모바일 소매
청사진 버전 2.0Mobile Retailing Blueprint V2.0〉 인용

(소규모 자영업)'를 떠올리면 이해하기 쉽다.

'멀티 채널Multi Channel'은 문자 그대로 상품이나 서비스를 취급하는 매장을 여러 개 운영하는 방법이다. 예를 들어, 현지의 유명 식자재를 취급하는 매장이 통신 판매용으로 온라인 스토어까지 운영하는 상황을 상상해보면 이해하기 쉽다. 지역 고객에게는 오프라인 매장에서 판매하고 원거리의 고객에게는 온라인 스토어에서 판매한다. 이때 통제해야 할 접점은 여러 개이지만, 같은 고객이 지역의 실제 매장과 온라인 스토어 양쪽을 함께 이용하는 경우는 고려하지 않는다. 각 매장은 대상으로 삼은 고객 자체가 다르다. 이 경우 매장별로 고객과 상품·판촉을 관리하게 된다.

이에 반해 '크로스 채널Cross Channel'은 같은 고객이 구분해 이용할 수 있는 매장을 복합적으로 제공하는 수법이다. 예를 들어 같은 고객이 주말에는 근처 슈퍼마켓(오프라인 매장)에서 쇼핑하고, 바쁜 평일에는 그 슈퍼마켓의 온라인 스토어를 모바일로 이용하는 상황을 상상해보라. 다만 크로스 채널에서는 통제하는 축이 어디까지나 매장에 있다. 각각의 매장이 각각의 고객과 상품·판촉을 관리하는 것이다. 이렇게 되면 같은 고객이 오프라인 매장이나 온라인 스토어 어느 쪽에서 상품을 구매했더라도 매장 쪽에서는 그것을 파악할 수 없다.

한편 온·오프라인 융합을 강화해 매장의 틀을 자유로이 넘나들며 고객을 관리하는 것이 '옴니 채널'이다. 옴니 채널이라는 용어는 최근 경제지 등에서도 자주 볼 수 있다. 디지털 마케팅 관련 종사자라면 이미 몇 년 전부터 들어온 용어이지만, 일반인들의 귀에까지 들어온 것은 근래의 일이다. 현재는 세븐&아이 홀딩스를 필두로 많은 소매·유통업체에서 옴니 채널 전략을 입안·구축·실행하면서 점차 형태를 갖춰가고 있다. 또 그 성패에 대해서도 여러 방면에서 논의되고 있다.

'옴니 채널'이란 무엇인가

옴니 채널이 실현되면 고객은 오프라인 매장이나 온라인 스토어 어느 쪽에 가더라도, 기업 쪽에서 '한 고객'으로 인식해 통일된 형태의 서비스를 받을 수 있다. 마케팅 연구자 곤도 기미히코近藤公彦는 옴니 채널을 "모든 채널을 통합해 소비자들에게 경계선 없는 쇼핑 경험을 제공하는 마케팅 수법"이라고 정의했다. 채널에 대한 논의에서는 지금까지 이 옴니 채널이 진화 과정의 최전선이라는 평을 듣고 있으며, 바로 이것이 '채널 형태의 현 상황'이라고 할 수 있다.

이와 같은 순서대로 채널을 정리해보았는데, 옴니 채널은 '기업 시점에서의 채널 진화'로 포지셔닝된 듯 보인다. 그러나 그 변화 내용을 자세히 살펴보면 싱글 채널에서 크로스 채널에 이르는 과정, 그리고 크로스 채널에서 옴니 채널에 이르는 과정 사이에는 커다란 차이가 존재한다는 것을 깨닫게 된다.

■ 변한 건 '매장'이 아니라 '고객 관리' ■

그 차이는 고객 접점의 형태가 변화한 데 있다. 싱글 채널부터 크로스 채널까지는 하나의 매장에서 복수의 매장으로, 또 고객별 복수 매장에서 한 명의 고객에 대한 복수 매장으로 고객 접점의 형태가 변화했다. 그러나 크로스 채널과 옴니 채널에서는 고객 접점인 매장이 아무것도 변하지 않았다. 변한 것은 매장이 아니라 '고객 관리법'이다. 즉 싱글 채널부터 크로스 채널까지는 '매장을 중심으로 고객을 관리하는' 데 반해, 옴니 채널에서는 '고객을 중심으로 채널을 관리'한다. 이는 패러다임의 큰 전환이다.

지금까지 오프라인 기업은 각 매장이 유통 기능을 전부 관리해왔다. 고객 관리는 물론 입지에 입각한 매장별 상품 매입, 재고 관리, 가격 책정, 정보 발신이나 판촉 등에 대해 매장별로 최적의 형태를 추구해왔다. 이러한 기능을 매장에서 통제하고 최적화하기 위한 노하우를 쌓아 조직의 형태를 만들어온 것이다. 기존의 대다수 기업이 온·오프라인 채널을 별도 부서가 관리했던 것은 매장을 중심으로 한 통제에서는 충분히 이해가 가는 대목이다.

그러나 '고객을 중심으로 채널을 관리'하면 모든 것이 달라진다. 고객 속성을 전사적인 관점에서 파악하게 되어, 고객의 구매 행동에 맞춰 최적의 채널로 재편하게 된다. 상품 매입부터 재고 관리, 더 나아가 가격 책정이나 정보 발신, 판촉까지 모든 매장을 넘나들며 고객별로 통제할 필요성이 생긴다. 과제는 '효율적인 매장 운영'에서 당연히 '고객의 경계선 없는 쇼핑 경험 제공'으로 변화한다.

이 과제에 대응하려면 고객을 기준으로 온·오프라인 채널을 긴밀하게 연결하는 시스템이 필요하다. 기존의 전통적인 소매업에서는 조직 구조를 포함해 큰 변화가 불가피하다. 결국, 옴니 채널이란 '소매업에는 매장 기점에서 고객 기점으로 경영을 탈바꿈하는 혁신 과정'이라고 할 수 있다.

▪ 옴니 채널에 대한 대응은 필수 ▪

그렇다면 그렇게까지 큰 변화를 감수하면서 왜 옴니 채널에 대응해야 하는가? 그것은 고객의 구매 행동이 점차 옴니 채널화하고 있기 때문이다. '옴니 채널'이라는 말은 2010년 7월 전미소매협회의 표준화 단체인 ARTSThe Association for Retail Technology Standards가 〈모바일 소매 청사진 버전 1.0〉을 발표하면서 등장했다.

제목에 '모바일'이 들어 있는 데서 짐작할 수 있듯이, 그 배경에는 스마트폰의 급속한 보급이 자리해 있다. 스마트폰만 있으면 언제 어디서나 모든 정보에 접근할 수 있다. 그리고 모든 매장을 선택하고, 모든 물건을 구매할 수 있다.

그 결과 하나의 매장에서 선택부터 구매까지 끝마칠 필요가 없어졌다. 예를 들어 가전제품 판매점에서 상품을 써보고 가격과 평가 정보 등을 탐색한 뒤, 아마존닷컴을 선택해 구매할 수도 있다. 매장을 방문했다고 해서 그곳의 정보만 믿을 필요가 없고, 또 그 자리에서 바로 구매할 필요도 없다.

이는 "새로운 유형의 고객은 고객의 구매 과정 전체에 걸쳐 이뤄지는 온·오프라인 경험으로 완성된다"는 사실을 명확히 보여주는 것이다.

결국, 옴니 채널의 본질은 기업의 진화가 아니라 고객의 구매 행동 변화에 있다. 싱글 채널부터 크로스 채널까지는, 조금 극단적으로 말해 기업이 자사 전략에 따라 진화 여부를 선택할 수 있었다. 그러나 옴니 채널에 대한 준비는 이미 선택이 아니라 필수다. 기업이 대응하지 않으면, 고객은 자신의 구매 행동에 맞는 경쟁 업체를 선택할 뿐이다. 이것이 바로 기업들이 '채널의 주도권이 고객에게 넘어갔다'는 전제 자체를 절대 잊어서는 안 되는 이유다.

■ 모든 '접점'이 채널이다! ■

'고객을 기점으로 채널을 통제한다'는 면에서 보면, 또 하나의 커다란 변화가 생긴다. 그것은 '채널=매장'이 아니며, 매장은 여러 채널 중 하나에 지나지 않는다는 점이다.

지금까지는 좋은 입지에 매장을 내면 고객이 직접 찾아와주었다. 고객은 상품을 구매하기 위해 매장이 모인 특정 지역을 일부러 찾아갈 필요가 있었고 거기에서 얻은 정보를 토대로 구매 행동의 대부분을 결정했다. 기업 쪽에서도 '매장이 고객의 선택부터 구매까지의 유통 기능을 통합한다'는 전제 위에 사업을 운영했다. 따라서 통제해야 할 채널이란 곧 매장을 의미했다.

그러나 현재 고객의 구매 행동은 매장만으로 결정되지 않는다. 예를 들어 오프라인 매장에서 구매해도, 대부분의 선택은 인터넷과 모바일을 통해 얻은 정보로 이루어진다.

'옴니 채널 시대의 소매업은 모바일 기기를 활용한 정보 수집이 중심을 이루는 컨시어지Concierge 모델로 이행한다'는 평이 나오는 이유가 바로 여기에 있다. "고객을 어떻게 지원하고 뒷받침할 수 있는지가 배송이나 구매율보다 더 중요해진" 것이다.

따라서 고객을 기준으로 채널을 통제한다면, 매장을 찾기 전의 정보 채널이나 구매 이후의 접점까지 포함해 생각해야 한다. 매장은 이미 고객의 구매 과정에서 하나의 통과점에 지나지 않는다. 고객의 선택에 영향을 주는 매장, 앱, 상품, 미디어, SNS 등 모두가 정보이자 채널이라고 생각해야 한다. 따라서 고객의 구매 행동을 기준으로 이러한 채널을 배치·연동한다는 관점 자체가 무엇보다 중요해졌다.

더 이상
공간에 얽매이지 마라

그런데도 매장이란 공간을 기준으로 한 채널 설계, 말하자면 '매장 지상주의'라는 속박에서 벗어나지 못한 소매업이 많은 것이 현실이다. 물론 매장 입지를 기반으로 상품 구색이나 서비스의 질을 향상해 경쟁 우위를 확보한다는 전략은 아직까지는 유효하다.

우리는 그동안 회사 안팎에서 '채널 변화'라는 과제에 몰두해왔다. 그리고 여전히 많은 기업에서 '고객은 반드시 매장을 찾는다'는 전제가 사고의 출발점이라는 현실을 절감해야 했다. 이는 '고객을 기준으로 통제해도, 결국 그 구매 고객을 확보하는 것은 매장'이라는 발상으로 이어지기 쉽다. 그리하여 기존에 오프라인에서 경쟁해온 기업들은 '고객을 기준으로 삼는다'는 말을 이해해도, 막상 '모든 것이 매장에서 완성된다'는 사고 틀에서 벗어나기란 쉽지 않다.

▪ 매장의 기능을 쪼개고 새롭게 배치하는 시대 ▪

우리가 오프라인 매장의 중요성을 부정하는 것은 아니다. 아니, 오히려 그 반대다. 다만 '매장에서 모든 과정을 완료한다'는 전제를 반드시 세울 필요는 없다고 생각할 뿐이다.

확실히 최근 들어 판매 현장에 도입할 수 있는 신기술이 다양하게 등장하고 있다. 이에 따라 매장에서 시도할 수 있는 것도 늘어났다. 그러나 옴니 채널화하는 고객을 다루기 위해 센서나 첨단 기술이 담긴 오프라인 매장이 꼭 필요한 것은 아니다.

앞서 이야기한 니토리의 사례를 떠올려보라. 니토리는 판매 현장을 최첨단 기술로 무장하지는 않았지만, 고객의 구매 행동에 맞춰 오프라인 매장을 운영하고 있다. 다시 말해, 오프라인 매장을 '선택의 장'으로 포지셔닝해 구매를 온라인으로 이끌고 있다.

보노보스의 사례도 떠올려보라. 판매 현장의 업무 부하는 확실히 줄었지만, 그렇다고 접객 자체가 불필요해진 건 아니다. 오히려 온라인을 활용해 접객 기술을 고도화함으로써 더 깊이 있는 브랜드 경험을 실현하고 있다. 이 역시 상품 선택을 온라인으로 유도하고, 오프라인 매장을 구매 기능으로 특화했기에 가능했다. 그들은 고객과의 접점을 살려 오프라인 매장의 역할을 분해하고 재정의하고 있는 셈이다.

고객과의 접점만 있으면 매장에서 선택·구매 활동을 모두 할 필요가 없다. 이러한 사실을 일찍이 인식하고 이를 판매 전략의 전제로 삼은 것은 온라인 기업이었다. 그들은 고객의 구매 행동에 보조를 맞추지 못하면, 아예 고객 자체를 확보할 수 없는 비즈니스였기 때문이다. 그리고 온라인에서 확보한 고객과의 접점을 무기로 더 많은 고객 기회를 창출하기 위해 오프라인으로 진출하기 시작했다. 그러한 움직임의 현 지점이 바로 '채널 시프트'다.

채널 시프트를 시도하는 기업이 '채널을 어떻게 정의할지'는 정해져 있지 않다. 그러나 적어도 그들이 '고객의 마음(관심과 지지, 더 나아가 실제 구매까지)을 얻기 위해 매장을 어떻게 통제할지'에만 머물러 있지 않다는 사실만큼은 확실하다. 아울러 '판매 현장(매장)에서 모든 것을 완료하게 만들자'는 생각을 갖지 않았다는 점 역시 확실하다. 그들은 온라인을 기점으로 오프라인을 유연하게 조합함으로써 전혀 다른 구매 경험을 실현할 수 있다는 사실을 알고 있다. 그리고 앞으로 고객은 더 매력적인 구매 경험을 제공하는 기업을 선택하게 될 것이다.

온라인에 기반을 둔 기업과 경쟁할 생각 없이 '자사 내부에서 매장을 통제한다'는 식의 발상에 머물러서는 절대로 이들을 상대할 수 없다.

그렇다면 오프라인 중심 기업은 매장 지상주의에서 벗어나기가 왜 그리 어려울까? 그것은 고객 기점의 채널 설계가 곧 스스로 강점으로 키운 '오프라인 매장 중심의 유통 기능 해체와 재배치'를 의미하기 때문이다. 즉 '유통 언번들링Unbundling', 이른바 '유통 기능의 틀 해체'를 의미하기 때문이다.

■ 매장을 가진 자들의 딜레마 ■

오프라인 기업 입장에서 보면, 고객이나 상품 정보를 일괄 관리하면 '고객 기점의 채널 설계'가 실현된다는 말이 생각처럼 단순하지 않다. 그 과정에서 정보 발신이나 상품 관리, 물류나 조직 체계 등 지금까지의 성공 법칙(시스템)에 큰 변화를 피할 수 없기 때문이다. 방대한 노력과 투자가 필요할 뿐 아니라, 스스로 키운 강점이나 인재를 한 번에 분해하고 재통합해야 하는 경우도 적지 않다. 그만큼 리스크가 크고 노력과 투자에 걸맞은 성과를 얻을 수 있을지조차 확신하기 어렵다.

따라서 이 같은 작업이 경영진의 판단 없이 현장 실무진의 주도로 이루어지기는 어렵다. 더구나 경영진이 '성장세는 둔화하고 있지만, 그렇다고 심각한 경영 위기에 빠질 리는 없다'는 인식을 갖고 있다면, 실행에 나서기 위한 판단은 더더욱 어려워진다.

특히 지금까지 오프라인 매장을 중심으로 강점을 확립해온 기업일수록 그 변화에는 항상 딜레마가 따라다닌다. 바로 여기에 고객 기점의 채널 설계가 어려운 이유가 있다.

일본 인구가 줄어들 것은 분명하다. 그리고 그 고객이 오프라인에서 온라인 쪽으로 옮겨가는 것 역시 분명하다. e커머스가 상당히 발전했다고는 해도, 아직 일본에서는 소매업 전체의 e커머스 비율이 10퍼센트에도 미치지 못한다. 당장 변화의 필요성을 들이밀기에는 그저 먼 미래의 일처럼 느껴질 수도 있다.

아직 변화가 필요치 않다고 생각하면, 옛 추억에 빠진 안일한 주장이 나오기 십상이다. 예를 들어, 동네 서점이 아마존에 고객을 빼앗기는 현 상황을 개탄하는 목소리가 신문이나 잡지 지면에 등장한다. '예전에는 책방에서만 느낄 수 있는 운치가 있었는데……'라며 푸념하기도 한다. 마치 어떤 도화선이 도래한 사실을 한탄하고, 평안을 그리워하는 풍조 딱 그 자체다.

이처럼 과거 퇴행적인 목소리는 유통 변화가 치열하게 이뤄지는 시기마다 반드시 등장했다. 대형 장난감 매장이나 멀티스크린을 갖춘 대형 영화관이 시장에 상륙했을 때도 이러한 논조의 기사가 자주 등장했다. '예전 장난감 가게나 영화관에는 그 나름의 운치와 장점이 있었는데, 왜 그런 것을 사람들은 잘 모를까……' 하는 식의 탄식과 아쉬움 말이다.

하지만 유통의 패권을 쥔 자들은 시대별로 항상 바뀌어왔다. 2017년 9월, 미국의 대형 장난감 체인인 토이저러스Toys-R-Us가 파산했다는 뉴스가 보도되었다. 일본 진출 당시만 해도 토이저러스는 장난감 유통 시장을 위협하며 영세한 가게 중심이던 장난감 매장들을 위기에 빠뜨렸다. 토이저러스는 '일본 유통 규제의 대명사'였던 '대점법大店法(대규모 소매점포법)'◆에 맞서 채널을 개혁한 주인공이나 마찬가지였다. 그러나 이제는 그 토이저러스가 아마존에 고객을 빼앗겼다. 온라인 스토어와의 경쟁에서 패한 것만이 파산의 이유는 아니지만, 기세가 꺾인 중요한 요인이었다는 점만큼은 확실했다.

옛 시대를 그리워하는 건 상관없지만, 고객이 더 좋은 구매 경험을 찾아 움직이는 것까지 막을 수는 없다. 고객의 변화를 따라가지 못하면 기존 유통은 도태되는 것은 물론 아예 퇴출당할지도 모른다.

'마케팅 근시안Marketing Myopia'이라는 말이 있다. 마케팅을 배운 사람이라면 누구나 한 번쯤 읽어보았을 시어도어 레빗Theodore Levitt의 기념비적인 논문에 나오는 개념이다. 거기에는 '철도'라는 수단을 고집하다가 '자동차' 등에 시장을 빼앗겨버린 철도회사의 쇠락 과정이 그려져 있다. 고객이 원하는 것은 '철도'라는 수단이 아니다. 바로 '수송'이나 '이동'이라는 가치다. 그러나 당시 철도회사는 수단에 불과한 철도를 고집해 자신의 강점을 살린 서비스를 제공하지 못했다. 그리고 고객은 철도를 이용할 것이라는 안일한 인식에 사로잡혀, 교통 환경 변화에 대응하지 못하고 결국 쇠퇴하고 말았다. 이처럼 수단을 쫓는다면 결과는 너무나 뻔하다.

현재 많은 기업이 빠져 있는 '매장 지상주의'라는 주술 자체가 어쩌면 21세기 소매업의 마케팅 근시안일지도 모른다.

■ 디지털 시대, 디지털 교류만으로는 부족하다! ■

'오프라인 경험이 가능한 실제 매장은 고객의 선택 과정에 강력한 접점이 될 수 있다'는 것은 틀림없는 사실이다. 그리고 그 운영에 대한 식견과 노하우는 오프라인을 기점으로 삼아온 기업들의 커다란 강점이었다. '마케팅 구루'로 통하는 필립 코틀러Philip Kotler는 2017년 발표한 《필립 코틀러의 마켓 4.0Marketing 4.0》에서 다음과 같이 말했다.

"마켓 4.0은 기업과 고객의 온라인 교류를 일체화하는 마케팅 접근이다. (…) 디지털 경제에서는 디지털 교류만으로 불충분하다. 도리어 그보다는 점점 더 온라인화가 진행되고 있는 세상에서 오프라인상의 접촉은 강력한 차별화 요인이 될 수 있다."

고객의 구매 행동을 더 넓은 시야에서 다뤄 그 안에서 오프라인 매장의 강점을 살릴 수 있다면, 타사에는 없는 구매 경험으로 강한 경쟁력을 얻을 수 있다. 고객이 원하는 것은 매장이 아니다. '구매 경험'이라는 가치다. 이는 매장을 고집하지 않고 하나의 접점으로서 그 강점을 살린, 더욱 유연한 채널 설계가 요구되는 이유다. 채널 시프트를 지향하는 기업이라면 당연히 그 전제를 바탕으로 전략을 세워야 한다.

■ 머무르지 말고 그다음을 준비하다 ■

지금까지 '옴니 채널'이라는 사고방식의 등장 배경, 그리고 '고객을 기준으로 한 채널 관리'로 옮겨가는 패러다임의 전환을 채널 형태의 변천 과정에 따라 살펴보았다. 지금까지 설명한 것처럼 이미 채널의 주도권은 고객으로 이동했다. 그렇기 때문에 오히려 채널은 매장이 아니라 고객과의 모든 접점을 대상으로 삼아야 한다. 이제 경쟁의 초점은 온·오프라인에 채널을 두는 것 자체가 아니라, 어떤 구매 경험을 제공할 수 있는지로 옮겨갔다.

여기서 옴니 채널과 이 책의 주제인 채널 시프트 전략의 관계를 정리해두자. 현 상황에서 옴니 채널은 '채널을 매장으로 한정하지 않고, 커뮤니케이션 채널까지 포함해 고객의 구매 경험을 실현하는 모든 것'으로 이해되고 있다. 여기까지는 채널 시프트 전략의 개념과 같다.

앞서 이야기한 '채널 시프트 전략'의 정의는 다음과 같다.

'채널 시프트 전략'이란,

1. 온라인을 기점으로 오프라인에 진출하고,
2. 고객과의 접점을 만들어냄에 따라,
3. 마케팅 요소 자체를 변혁(재정립)하는 방법이다.

1은 말하자면 '온라인 기업에 의한 옴니 채널화'다. 온라인에 기점을 둔 기업이 오프라인을 조합한 옴니 채널을 실현해 고객에게 구매 경험을 제공하는 것이다. 이에 2의 '고객과의 접점'을 통해 경쟁에서 우위를 확보하려는 의도, 또 그에 따라 마케팅 요소 자체를 바꿔 가는 행동까지 포함한 것이 바로 '채널 시프트 전략'이다. '채널 시프트 전략'이란 곧 '옴니 채널을 전제로 그 위에 실현하는 경쟁 방법'이라고 말해도 무방하다.

여기서 굳이 옴니 채널과 채널 시프트 전략을 대비하자면, 가장 큰 차이는 '사고의 기점'이다.

지금까지 옴니 채널은 주로 세븐&아이처럼 오프라인에 기반을 둔 기업이 온라인에 진출하는 방식을 가리킨다. 따라서 기존의 오프라인 사고로 온라인을 다루려 한다. 이때 중요한 것은 '오프라인 매장당 매출'이며 '판매의 최대화'다. 고객의 구매 시점을 가장 중시하고 매장을 방문한 고객의 만족도를 높여, 모든 고객 경험을 완성할 수 있는 매장 확대를 도모해나간다. 그리고 궁극적 목적은 바로 '채널 변화'에 있다.

이에 반해 채널 시프트 전략의 '사고 기점'은 온라인에 있다. 아마존처럼 e커머스를 출발점으로 삼은 기업에는 '매장'이라는 개념이 없다. 어디까지나 중요한 것은 매장이 아니라 '개별 고객당 매출'이며 '경험의 최적화'다. 온라인 스토어는 오프라인 매장과 달리 '가끔 그 앞을 지나가는' 일 같은 것은 벌어지지 않는다. 오프라인 매장이 없는 기업이 '개별 고객'을 기준으로 삼는 것은 당연하며, 구매 행동의 전 과정에 밀착하지 않으면 고객을 유지할 수 없다. 따라서 이들은 고객의 선택 시점부터 시작해, 구매만이 아니라 사용 단계까지 진입하려 한다. 따라서 '온라인 스토어만으로 이뤄진다'는 식의 발상에서 벗어나 선택과 구매를 분해해 접점을 만들고 그것들을 하나의 구매 과정 속에서 연계한다.

그들은 온라인상의 접점과 동일한 감각으로 오프라인 매장이나 접점을 만들려 한다. 또 고객의 재방문율을 높이기 위해 '개별 고객'의 행동 데이터를 중시한다. 그리고 데이터를 활용해 판촉이나 가격, 맞춤 상품 등을 제안한다. 그들에게 채널 변화는 단지 수단이 아니라 마케팅 변화 자체를 이루는 궁극적인 목표가 된다.

결국, '채널 시프트 전략'이란 '온라인에 기반을 둔 기업이 만들어낸 경쟁 방법'인 것이다. 이를 채널 시프트 매트릭스로 말하자면, 왼쪽 위 2사분면으로부터의 사고다.

원래 온라인 기업과 오프라인 기업은 서로 경쟁하는 방법 자체가 다르다. 그러나 온라인 기업만의 관점과 경쟁 방식이 점차 오프라인 영역으로 들어오려 하고 있다. 기존 형태의 오프라인 기업에 이는 다른 비즈니스 모델을 가진 업종과의 싸움이나 마찬가지다. 그 패러다임 차이를 제대로 인식하지 못하고 경쟁한다면, 의식하지도 못하는 사이에 고객을 온라인 쪽에 빼앗길지 모른다. 그러므로 한시라도 빨리 매장 지상주의에서 벗어나고, 옴니 채널이라는 채널 변화에 머무른다는 마음을 버리고, 온라인 기업과 본격적인 경쟁에 대비한 마케팅 혁신을 일으켜야 한다.

그동안 오프라인에 기반을 둔 기업에는 고객의 구매 경험에 강한 영향을 미칠 수 있는 '실제 매장'이라는 강점이 있었다. 그리고 앞선 사례에서 살펴보았듯이, 오프라인 기업이 온라인에 기점을 쌓아 거기에서부터 채널 시프트를 시작하는 것도 충분히 가능하다.

그렇다면 이미 도래한 옴니 채널의 시대, 이를 전제로 한 채널 시프트 경쟁이 본격화된 가운데 자신만의 독자적인 채널을 설계하려면 어떻게 해야 할까?

4장부터는 채널 시프트를 실천하는 기업의 더 구체적인 경쟁 방식(전략)에 초점을 맞춰 이야기를 진행한다. 지금까지 확인한 요점에 기반한 프레임워크를 보여주고, 이러한 기업들의 경쟁 방식과 전술을 분석한다. 이를 통해 채널 시프트 시대의 전략과 전술을 더 구체적으로 이해할 수 있을 것이다.

4장

경험을
디자인하다

■ KEY 2 _ 고객 시간 Customr Time

고객 시간은 고객이 상품을 선택하고 구매하고 사용하는 전 과정을 일컫는다. 이 고객 시간 안에서 어떤 경험이 이루어지는지를 파악해 전략을 짜는 기업들을 살펴보자.

시 간

| 구매 전 | 구매 | 구매 후 |

공간적

공간

고객 경험

어포던스

채널 설계는
어떤 관점에서 이루어지는가

고객에게 독자적인 구매 경험을 제공하기 위해 기업들은 어떤 관점에서 채널을 설계해야 하는 걸까? 단지 채널을 온라인에서 오프라인으로, 또 오프라인에서 온라인으로 옮기는 것만으로는 가치가 없다. 그보다는 '고객 시점에서 제공하는 구매 경험을 이미지화하고, 그 이미지를 실제 서비스로 구현하기 위해 자사의 채널을 적절하게 조합'할 필요가 있다. 바로 그런 노력을 기울이는 기업일수록 고객과 접점을 만들어 더욱 강해질 수 있는 법이다.

무엇보다 기업들은 옴니 채널화하는 고객을 놓쳐서는 안 된다. 이 책에서는 그 요점으로 '시간', '공간', '연계'라는 세 가지 키워드를 제시한다.

■ '고객 시간'에 다가서다 ■

첫 번째 요점은 '시간'이다.

여기서 시간이란 고객의 구매 행동에서 '선택 → 구매 → 사용'의 모든 순간을 말한다. 우리는 이 일련의 과정을 '고객 시간'이라 부른다. 지금까지의 채널 설계에서는 '구매' 순간을 가장 중시하고 아예 이를 목표로 삼는 경향이 강했다.

그러나 지금까지 살펴보았듯이, 채널의 주도권은 이미 고객에게 넘어갔다. 고객의 구매 행동 전체로 보면, 구매는 목표가 아니라 그저 하나의 통과점에 지나지 않는다. 따라서 구매라는 '점'만을 응시해서는 고객과의 접점을 만들 수 없다. 구매하는 순간만이 아니라 "그 앞뒤까지 포함한 구매 행동 전 과정에서 마케팅이 중요한" 것이다. 따라서 '점'이 아니라 '선'의 시점으로 고객 시간에 다가서려고 노력해야 한다.

사실 기업 입장에서 보면, 고객의 구매 행동 전 과정에 관여하는 것이 이상적이다. "모바일이 등장하면서 매장 입지라는 제약이 해결되어, 소매업자들이 고객의 매장 방문을 마냥 기다리지 않고 좀 더 적극적으로 구매 의사결정 과정에 개입할 수 있게" 되었다. 예를 들어 고객의 '선택 단계'에 들어가 직접 제안하는 채널이 있다면, 뒤이어 구매 행동까지 끌어낼 수 있다. 또 '사용 단계'에서 고객의 만족도나 행동 변화를 파악하는 채널이 있다면, 고객에게 최적의 정보나 가격·상품을 제안할 수 있다.

특히 고객의 사용 단계에 관여하는 채널을 갖는다는 것은 기업에게 매우 중요하다. 고객을 유지하고 끌어들인다는 측면에서 의미가 크기 때문이다. 고객과 기업, 혹은 브랜드의 관계는 구매가 아니라 제품 사용 단계에서 가장 깊어진다. 따라서 앞으로 채널 설계에서는 고객의 사용 단계까지 관계하는 채널을 두고, 매력적인 구매 행동을 디자인하려는 노력이 무엇보다 중요하다.

▪ '공간의 벽'을 넘다 ▪

두 번째 요점은 '공간'이다.

공간이란 '그 채널의 소재所在가 온라인인지 오프라인인지'를 말한다. 지금까지 이야기해왔듯이 고객은 온·오프라인을 따로 선택해 구매하는 것이 아니라 양쪽을 자유로이 오가며 구매하고 있다. 예를 들어, 디지털카메라를 구매하려는 소비자가 있다고 하자. 이때 아무런 정보 없이 매장에 들러 상품을 구매하는 사람은 이제 소수에 불과하다. 요즘 소비자들은 대부분 구매 전에 온라인으로 정보를 검색한다. 그 후 그대로 온라인 스토어에서 구매할 수도 있고, 오프라인 매장을 찾아 상품을 직접 보고 구매할 수도 있다.

중요한 것은 기업이 강점을 지닌 채널을 효과적으로 활용해 고객과의 접점을 만드는 일이다. 온라인에 강점이 있는 기업이라면, 기존의 오프라인 채널을 재검토해 온라인 채널 투자로 대체하는 것을 고려해 볼 수 있다. 예를 들어 팸플릿이나 전단지 같은 고전적인 수단이 아니라 온라인 채널로 대체한다면, '고객이 무엇을 원하는지(선택 단계)'를 알려주는 단서를 얻을 수 있다. 그 밖에도 고객 센터 상담에서 벗어나 온라인 상품평까지 파악한다면, 상품 사용 단계에서 고객의 좀 더 솔직한 평가를 알 수 있다.

▪ 채널을 '연계'하다 ▪

세 번째 요점은 '연계'다.

고객 경험을 기준으로 한 '개별 채널 간의 연계'는 채널 설계 과정에서 매우 중요하다. 고객 시간에 다가가서 온·오프라인 공간에 채널을 각각 배치하는 데 머물지 않고 '각각의 채널들이 하나가 되어 어떤 구매 경험을 가져오는지'를 의미 있는 스토리로 그려내야 한다. 따라서 설계 단계에서는 기업이 통제할 수 있는 채널을 중심으로 구성한다.

스토리의 '주역'은 어디까지나 고객이다. 고객이 어떤 구매 경험을 얻을 수 있는지가 디자인의 축이 된다. '좋은 경험'의 형태는 주인공인 고객을 둘러싼 시간과 공간(장면)으로 완성된다.

그리고 스토리를 그리는 '주체'는 어디까지나 기업이다. 채널을 준비하고 그 과정을 통해 얻을 수 있는 구매 경험을 주체적으로 그려 고객에게 제안한다. 만일 부족한 채널이 있다면, 이를 새롭게 개발하는 것까지도 포함된다. 필립 코틀러에 따르면 "무엇보다 중요한 것은 고객 주변에 몇 가지 접점을 만드는 것만이 아니라, 고객이 하나의 채널에서 별도의 채널로 옮겨갈 때 구분선(경계) 없는 경험을 할 수 있는지 여부"다.

다음 페이지의 표는 이상의 세 가지 요점을 토대로 채널 설계를 위한 프레임워크를 정리한 것이다. 이는 고객 시간에 다가서 온·오프라인 양쪽 채널에 따라 구매 경험을 디자인하기 위한 수단을 말한다. 이 책에서는 이를 '고객 시간의 프레임워크'라 부른다.

우선, 가로축은 '시간'이다. '선택 → 구매 → 사용'이라는 고객의 구매 행동 과정을 보여준다. 세로축은 '공간'이다. 기업이 고객에게 제공하는 채널이 온·오프라인 중 어느 쪽에 있는지를 보여준다. 마지막으로, 가운데는 그 기업이 전략적으로 배치한 채널 간의 연결, 그리고 구매 경험의 형태를 그리는 공간이다.

이것은 우리가 실제 경험을 통해 잡은 프레임워크다. 오쿠타니 다카시가 양품계획에서 옴니 채널화에 매진하던 시기에 개발한 것이 토대가 되었다. 그 후 이 프레임워크를 꾸준히 개선하면서, 지금까지 다양한 기업에서 각각의 특성에 맞춰 구매 경험으로 활용해왔다.

■ 고객 시간의 프레임워크

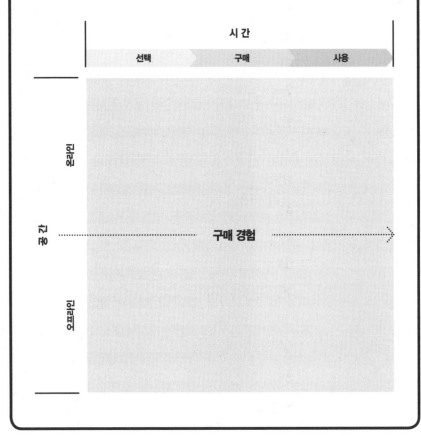

■ '고객 기점'으로 되돌아가라 ■

'고객 시간의 프레임워크'를 활용하면 다른 역할이나 사정을 가진 부서끼리 서로 횡단적인 시점을 갖고 논의할 수 있다는 이점이 있다.

'온·오프라인'이라는 공간 또는 '구매 시점과 구매 전후'라는 시간은 그동안 기업 내에서도 부서별로 생각하는 경향이 강했다. 예를 들어, 오프라인 매장에 강점이 있는 기업일수록 '온라인 채널을 매장에 연결한다'는 식의 발상을 하기 어렵다. 또 통신판매를 오래한 기업조차 선택 단계는 광고·홍보팀, 구매 단계는 사업팀, 사용 단계는 고객 관계 관리CRM, Customer Relationship Management팀 등으로 고객 시간을 여러 부서가 나눠 관리하는 경우가 많다.

시공간을 결합한 채널을 설계하는 데는 부서 횡단적인 시점을 갖고 협의해야 한다. '구매와 그 전후의 채널을 연계하여 고객에게 온·오프라인 구분 없이 긍정적인 구매 경험을 제공하는 상태'를 공유해두는 것이 무엇보다 중요하기 때문이다.

이때 부서 횡단적인 시점을 갖기 위한 요점은 결국 '고객 기점'으로 되돌아가는 것이다. '기업 기점'에서 이야기해서는 목표나 사정이 다른 부서끼리의 대화가 평행선을 달리기 십상이다. 그러나 '고객을 생각하는 마음'만큼은 각 부서가 공통으로 갖고 있다. 일단 같은 시점으로 '고객을 위해 무엇을 해야 할지' 이야기한다면, 지금까지 나오지 않았던 신선한 발상도 충분히 기대해볼 수 있다.

여기서는 이 프레임워크를 사례 분석의 렌즈로 활용한다. 타사의 전략을 하나의 사례로 관찰할 뿐 아니라 이 렌즈를 통해 좀 더 구체적이고 체계적으로 다루려는 것이다. 그렇다면 지금부터 채널 시프트를 실천하는 기업이 독자적인 구매 경험을 어떻게 만들어내는지 천천히 살펴보자.

고객 시간이 금이다

'고객 시간'이란 무엇인가

타사의 전략을 살펴보기 전에 먼저 '고객 시간'이라는 개념에 대해 조금 더 자세히 알아보려 한다.

고객이 온·오프라인을 자유로이 오가면서 상품(서비스)을 구매하는 시대이다 보니 고객의 구매 행동 과정을 가시화하려는 실무자들의 욕구는 어느 때보다 강하다. 상품을 구매하기 전에 스마트폰을 활용해 온라인에서 정보를 탐색하고 선택하는 웹루밍Webrooming, 또는 그와 반대로 오프라인 매장에서 정보를 수집한 뒤 선택하고 스마트폰으로 온라인 구매하는 쇼루밍이라는 개념이 그것이다. 오쿠타니는 이처럼 모바일 단말기를 중심으로 한 구매 행동을 연구하다가 '고객 시간'이라는 개념을 내놓게 되었다. 이는 고객의 소비자 행동 흐름(선택 → 구매 → 사용)을 시간을 기준으로 다루려는 발상이다.

소매업에서는 구매 순간에만 주력하기 쉽다. 게다가 오프라인 매장에서 구매 데이터밖에 얻지 못하는 기업도 많다. 따라서 '한 번 팔면 끝'이라는 함정에 빠지기 쉽다. 그러나 옴니 채널화하는 고객을 다루기 위해서는 '그 행동을 시간 축으로 파악하고, 구매 시점만이 아니라 선택·사용 단계까지 어떻게 파악하는지'가 중요해진다. 기업이 온·오프라인을 불문하고 이 세 가지 측면을 파악하지 못하면, 옴니 채널을 전제로 한 채널 시프트 전략은 실현할 수 없다.

우리가 '고객 시간' 개념을 의식하게 된 것은 와세다대학교 비즈니스스쿨에서 '고객 관계 관리'와 '소비자 구매 의사결정 모델'을 배웠기 때문이다. 우리는 '이 복잡한 개념을 사람들에게 좀 더 쉽게 전달할 수 없을까?' 혹은 '이를 마케팅 전략의 프레임워크로 활용할 수 없을까?' 하는 생각을 가지고 고객의 의사결정을 3단계로 나눠 마케팅 전략의 구축 기법으로 활용하고 있다. 우리는 2010년경 고객 시간을 연구, 실용화해서 지금까지 다양한 실전 무대에서 고객 시간의 프레임워크 모델을 활용해왔다.

사실 고객 시간과 비슷한 개념은 과거에도 존재했다. 스칸디나비아 항공의 CEO로 활약한 얀 칼슨Jan Carlson이 '진실의 순간Moments of Truth(우리나라에서는 《결정적 순간》으로 번역·출간되었다 — 옮긴이)'이라는 말을 처음 제창한 뒤로 고객 시간과 같은 개념으로 진화·발전해온 것이다. 이 개념은 '구매 이전 단계Zero Moment of Truth, ZMOT(진실의 제로 순간)', '구매 단계First Moment of Truth, FMOT(진실의 제1순간)', '구매 이후 단계Second Moment of Truth, SMOT(진실의 제2순간)'로 단계별 의사결정 과정을 설명한다.

특히 FMOT는 P&G가 제창해 '매장이 구매 의사결정의 최종 장면에서 매장이 가장 중요하며, 여기에 진실의 제1순간이 있다'고 보았다. 이를 토대로 구글이 2012년에 제창한 것이 ZMOT이다. 인터넷이 친숙한 현재의 소비자들은 매장을 직접 찾기 전에 이미 온라인 검색으로 의사결정을 끝내는 경우가 많다. 결국, ZMOT란 '매장을 찾기 전에 이루어지는 조사를 통한 의사결정의 결정적 순간'을 가리킨다.

한편 SMOT는 '상품을 구매한 소비자가 실제로 그 상품을 사용하고 경험하는 것'을 가리키는데, 이 경험을 소비자가 좋지 않았다고 판단하면 그다음부터는 선택받을 수 없다. P&G에서는 고객이 제품(또는 제조사)을 평가할 기회는 크게 두 번 정도 있다고 보는데, 첫 번째는 FMOT(매장)이고 두 번째는 SMOT(경험)이다.

적절한 시점에 적절한 경험 제공

지금은 모바일 기기를 활용해 이러한 측면들을 가시화하는 것이 기술적으로 가능해졌다. 다만 ZMOT라는 개념이 전부터 존재했다는 것은 곧 '고객은 모바일 기기가 보급되기 전에도 꼭 매장에서 전체 구매 행동을 완성하지는 않았으며, 매장 밖에서 이루어지던 구매 전 행동들이 모바일의 보급으로 한층 더 명확해졌다'는 것을 시사한다. 그리고 이것은 마케팅 연구자들에 의해 '고객 여정'이라는 발상으로 주목받게 된다. 그들은 '고객 경험Customer Experience, CX'이나 '고객 여정'을 중시하는 가운데 '선택 → 구매 → 사용'이라는 구매 행동 과정을 시간 축 아래 어떻게 설계할지 논의해왔다.

미국 보스턴칼리지의 캐서린 N. 레몬Katherine N. Lemon과 네덜란드 흐로닝언대학교의 페터르 C. 페르후프Peter C. Verhoef는 다음과 같이 주장했다. "현재 모바일 채널 이용이 급속도로 확대하면서 고객은 다양한 채널이나 미디어를 통해 무수히 존재하는 '기업과의 접점'을 접한다. 이에 기업들은 긍정적인 구매 경험을 창조·제공하기 위해 복수로 존재하는 비즈니스나 외부 파트너 기능을 통합 관리할 필요가 있다."

한마디로 '기업들은 온·오프라인을 오가는 고객에게 경계 없는 구매 경험, 긍정적인 구매 경험을 제공해야 한다'는 것이며, 구체적으로는 '구매 전, 구매 중, 구매 후라는 세 가지 시점에서 어떤 접점과 경험 설계가 필요한지 생각해야 한다'는 것이다.

더욱 중요해진 4가지 접점

레몬과 페르후프의 논문에는 우리가 생각한 고객 시간과 유사한 개념도가 등장한다. 여기서 그들은 "고객 여정은 시간순으로 축적되기 때문에 고객 경험을 '브랜드 주도Brand-Owned', '파트너 주도Partner-Owned', '소비자 주도Customer-Owned', '소셜/외부Social/External Independent'라는 네 가지 접점으로 관리해야 한다"고 말했다.

그중 '브랜드 주도'의 접점은 '기업의 통제 아래 설계·관리·제공되는 고객과의 상호작용의 장'을 말한다. 소매업으로 치면 매장이나 웹사이트, 기업에서 주도하는 광고 등을 들 수 있다.

'파트너 주도'의 접점은 '기업과 그 파트너에 의해 공동으로 설계·관리·통제되는 고객과의 상호작용의 장'이다. 제조사라면 소매점, 도매업자, 물류업자 등이 이와 관련되어 있다. 예를 들어 아마존 e커머스 플랫폼과의 관계성, 판매 상품, 프로모션 기법이 모두 고객에 대한 중요한 접점이 된다.

'소비자 주도'의 접점은 '기업, 파트너 혹은 다른 사람이 영향을 미치거나 제어할 수 없는 고객의 행동'이다. 고객들 사이의 좀 더 솔직한 입소문, 독자적인 팬클럽 형성 등이 이에 해당한다. 특히 이러한 커뮤니티에 기업이 어떻게 관여할지, 그리고 거기에서 나오는 이야기나 의견을 어떻게 파악하고 대응할지도 중요하다.

마지막으로, '소셜/외부'의 접점은 고객 경험에서 중요한 역할을 한다. 고객은 고객 여정이 한창인 가운데 다른 고객, 정보원, 환경 등 외부의 접점에 둘러싸인다. 또 리뷰 사이트, 소셜 미디어 등에 영향을 받게 된다. 고객의 평가나 태도가 마케팅의 성패를 좌우하는 것이다.

조사에 따르면, "지금은 마케팅 커뮤니케이션보다 F 요인(friends = 친구, families = 가족, Facebook fans = 페이스북 팬, Twitter followers = 트위터 팔로어)이 더 신뢰받는다"고 한다. 결국, '브랜드 주도'와 '파트너 주도'의 접점은 기업에 주도권이 있고, '소비자 주도'와 '소셜/외부' 접점은 고객에게 주도권이 있다. 그러므로 기업이 통제할 수 없는 이러한 접점에서 고객과의 연계성/관여도를 어떻게 높일지를 더욱 세밀하게 검토할 필요가 있다.

현대의 마케터들에게는 복잡한 채널 사이의 균형 유지가 무엇보다 중요하다. 고객 시간을 둘러싼 이 같은 개념과 접점에 대한 이해에 기반하여, 디지털 마케팅 전략은 물론 기존의 마케팅도 재설계되어야 한다.

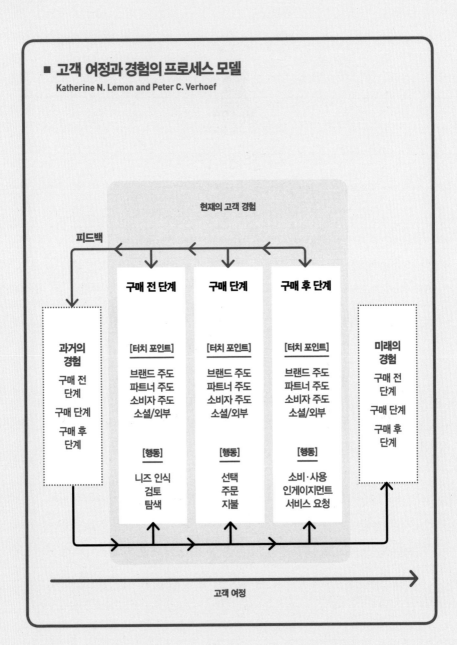

■ 고객 여정과 경험의 프로세스 모델

Katherine N. Lemon and Peter C. Verhoef

현재의 고객 경험

피드백

구매 전 단계

[터치 포인트]

브랜드 주도
파트너 주도
소비자 주도
소셜/외부

[행동]

니즈 인식
검토
탐색

구매 단계

[터치 포인트]

브랜드 주도
파트너 주도
소비자 주도
소셜/외부

[행동]

선택
주문
지불

구매 후 단계

[터치 포인트]

브랜드 주도
파트너 주도
소비자 주도
소셜/외부

[행동]

소비·사용
인게이지먼트
서비스 요청

과거의
경험

구매 전
단계

구매 단계

구매 후
단계

미래의
경험

구매 전
단계

구매 단계

구매 후
단계

고객 여정

11

이전에 없던
경험을 제공하라

The Melt

더멜트
새로운 기술로 가장 맛있는 샌드위치를 제공하다

미국 외식 산업에서 '채널 시프트를 통한 새로운 전략'으로 기존 오프라인 강자들에게 도전하는 기업이 있다. 샌프란시스코 시내에 있는 그릴 치즈 샌드위치 전문점 '더멜트'다. 언뜻 흔하디흔한 패스트푸드점 같지만, 외식 산업에서 채널 시프트를 가장 먼저 일으킨 기업으로 꼽힌다.

더멜트의 구매 경험에서 타사와 눈에 띄게 다른 점은 고객 시간의 선택 단계에 앱이라는 '선택 채널'을 담아냈다는 것이다.

'더멜트의 창업자' 조너선 캐플런Jonathan Kaplan은 IT 업계 출신이다. 한때 저가 소형 카메라로 한 시대에 크게 영향을 준 '플립 비디오카메라'가 있었다. 지금이야 스마트폰으로 동영상을 찍을 수 있는 시대이지만, 당시만 해도 이 카메라는 사용 편의성 측면에서 가히 혁신적인 존재였다. 바로 이 카메라의 제조사를 세운 이가 캐플런이다. 그는 "발전이 없던 외식 산업에 최신 기술을 장착한 비즈니스 모델을 만들어내기 위해 더멜트를 창업했다"고 한다.

더멜트의 가치는 바쁜 점심시간에, 막 완성된 그릴 치즈 샌드위치를 바로 구매할 수 있다는 데 있다. 이를 위해 더멜트는 특별한 주문 시스템을 마련했고, 그에 따른 구매 경험으로 고객들에게 만족감을 안겨주었다.

■ 주문 → 스캔 → 즐긴다! ■

더멜트는 자사가 제공하는 구매 경험을 '주문Order → 스캔Scan → 즐긴다Enjoy'라는 3단계로 설명한다. 우선, 고객은 매장을 방문하기 전에 앱을 켜 상품을 선택하고 '주문'을 끝낸다. 치즈버거나 샌드위치, 사이드 메뉴 등에서 먹고 싶은 상품을 정해 주문하면, 가장 가까운 매장 안내와 함께 QR코드가 부여된다.

매장에 도착해 앱에 표시된 QR코드를 매장 리더기에 '스캔'하면 구매가 끝난다. 고객은 매장 안의 모니터에서 자신이 주문한 음식이 완성되는 순번을 확인할 수 있다. 그리고 막 완성된 따끈따끈한 샌드위치를 받아 그대로 사무실로 돌아오면 끝! 물론 샌드위치를 받아 바로 매장 안의 좌석에서 즐길 수도 있다.

이처럼 더멜트는 매장을 찾기 전에 온라인상에서 선택하고 오프라인 매장에서 구매한다. 더멜트가 패스트푸드 업계에서 일으킨 채널 시프트는 세쿼이아 캐피털Sequoia Capital◆ 같은 대형 투자사들의 관심을 모았고, 거액의 투자금을 끌어들인 더멜트는 현재 미국 서해안을 중심으로 매장 수를 빠르게 늘려가고 있다.

더멜트 매장의 전경

구매 경험 3단계

◆　세계 최대 규모의 벤처캐피털로, 실리콘밸리에서도 '미다스의 손'으로 불리는 스타트업 전문 투자사다. 우리나라에서도 '소셜 커머스' 쿠팡, '간편송금서비스' 토스, '신선재료 배송 플랫폼' 마켓컬리 등에 투자하면서 이름을 알렸다.

■ 대기 시간이 짧을수록 모두에게 좋다 ■

더멜트의 온라인 시스템은 매장 방문 전 결제도 가능하다. 다만 매장 반경 몇 킬로미터 이내에 있지 않으면 주문할 수 없다. 이는 너무 멀리 떨어진 곳에서 하는 장난 주문을 방지하는 한편, 가장 가까운 매장에 주문하도록 유도하여 바로 먹기 좋은 따뜻한 요리를 제공하려는 것이다.

바쁜 점심시간에 매장 앞의 긴 줄에 서고 싶은 사람은 없다. 그리고 '매장 안에서 편안하게 기다리고 싶다', '사무실에 가지고 가서 먹고 싶다'는 고객의 니즈는 압도적으로 '구매 후'에 있다. 매장에서 기다리는 시간은 짧을수록 좋다. 더멜트는 사전 주문 시스템으로 고객에게 가치가 적은 대기 시간을 큰 폭으로 줄여 지금까지 없던 구매 경험을 실현했다.

더멜트 입장에서 보면, 고객의 선택 단계에 들어가 고객을 에워쌀 수 있다는 이점도 있다. 흔히 패스트푸드라고 하면 길을 걸으면서 메뉴나 브랜드를 검토하는 경우가 대부분이다. 점심시간 때 사무실에서 가장 가까운 매장을 찾기도 하고, 그 매장에 도착하기 전에 마음이 바뀌거나 아예 다른 가게에 갈지도 모른다. 혹은 매장을 찾아도 그곳이 너무 혼잡하면 아예 다른 선택지를 고려하게 된다. 이처럼 선택지가 많은 사무실 밀집 지역에서 외식업체들이 매장 방문 전의 고객을 잡아두기란 쉽지 않은 일이다.

■ 더멜트의 고객 시간

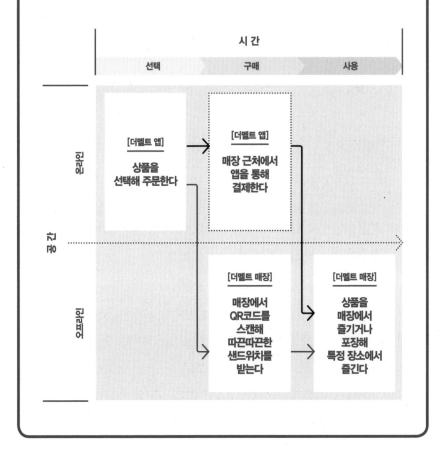

그러나 더멜트의 고객은 '대기 시간이 짧은 매장'이라는 점을 알고 있기에 주저 없이 의사결정을 끝낸다. 그것도 매장을 방문하기 전에. 더멜트는 맥도날드나 스타벅스처럼 강력한 브랜드를 갖추었다고는 할 수 없지만, 고객의 스마트폰에 앱이라는 채널을 집어 넣어 고객과의 강력한 접점을 구축해 새로운 경험을 제공한 기업이라는 점은 분명하다.

■ 기업과 상품 특성에 맞는 채널을 설계한다 ■

더멜트가 제공하는 구매 경험은 그릴 치즈 샌드위치라는 메뉴와도 잘 어울린다. 식어도 맛이 크게 다르지 않은 샐러드 같은 요리였다면, 고객은 배달에 더 큰 매력을 느낄지 모른다. 그러나 더멜트는 '매장에 들르는' 행위 자체에 '맛있는 브랜드 경험'이 있기에 일부러 오프라인 매장을 찾게 한다. 이 사례에서 '만일 오프라인 매장을 갖고 있다면 이를 어떻게 살려야 할지' 힌트를 얻을 수 있다.

그리고 매장 방문 전부터 고객과의 접점을 쌓음으로써, 더멜트는 기존 외식 산업에서 보기 힘든 형태의 매장을 실현하고 있다. 주문은 앱에서 끝나고, 결제는 매장에서 스캔으로 끝나기 때문에 더멜트는 매장 안의 계산대가 작다. 기존 패스트푸드점처럼 주문만을 받기 위해 커다란 카운터를 설치할 필요도 없고, 계산대에 여러 명의 점원을 둘 필요도 없다. 점원의 역할이 더 간단해져 요리하는 데 집중할 수 있다.

또 한 가지 중요한 차이점은 매장 공간 자체가 작아도 충분하다는 것이다. '사전 주문' 덕분에 소규모 매장에서도 회전율을 높여 좀 더 효율적으로 고객을 맞이하고 응대할 수 있다. 매장 규모의 축소는 출점비 절감으로 이어져, 사무실 밀집 지역처럼 접근성이 좋은 곳에 매장을 열 수 있다. 이것이 더더욱 고객의 편의성을 높여 더 많은 고객을 끌어들이는 선순환으로 이어진다.

이러한 운영 방식은 기존 패스트푸드점과는 전혀 다르다. 예를 들어, 맥도날드는 번화가의 좋은 입지에 대형 점포를 내고 고객을 유인한다. 이는 충분한 자본력이 있기에 가능한 전략이다. 그리고 그 대형 매장의 운영이 가능한 것은 잘 짜인 매뉴얼과 훈련된 점원들 덕분이다. 이에 반해 더멜트는 대형 업체들처럼 큰 매장이나 많은 점원이 없어도 고객의 구매 행동을 재디자인해 좋은 입지의 출점과 회전율 높은 매장을 실현하고 있다.

물론 타사가 기존의 매장 기능을 확장하기 위해 사전 주문 시스템을 모방할 수는 있다. 사실 스타벅스 등은 미국 전역에서 사전 주문 시스템 도입을 서둘러 '이미 모바일 주문이 전체 주문의 9퍼센트를 넘어섰다'고 한다. 그러나 이러한 기업이 지금까지 키워온 대형 매장이나 점원이라는 자산을 버리면서까지 '구매로 특화된, 좋은 입지의 소형 점포'로 운영 방향을 돌리지는 못할 것이다. 더멜트는 독자적인 채널 설계로 경쟁이 치열한 패스트푸드 업계에서 '효율적인 승리'를 실현하고 있는 것이다.

디퍼런스
자신의 스타일에 맞게 자유롭고 즐겁게 옷을 만든다

신사복 브랜드 코나카コナカ가 기획한 맞춤 슈트 전문점 디퍼런스도 고객 시간에 주목한 채널 설계로 차별화된 구매 경험을 제공하고 있다. 유명 크리에이티브 디렉터 사토 가시와佐藤可士和◆가 총감독을 맡아 상품과 서비스 개발, 플래그십 스토어flagship store 디자인 등에 참여한 것으로도 큰 화제를 모았다.

디퍼런스의 매력은 '누구든 자유롭고 즐겁게 맞춤형 슈트를 만들 수 있다'는 철학 아래 완전히 새로운 주문형 슈트 경험을 제공한다는 데 있다. 말 그대로 온·오프라인 채널을 조합해 기존에 없던 구매 경험을 실현하는 것이다.

이를 위해 고객은 일단 전용 앱을 내려받고, 선호하는 스타일이나 디자인을 사전에 선택한 뒤 매장 방문 일시를 예약한다. 예약한 시간에 인근 매장에 들르면 선택해둔 스타일에 맞는 옷감이 준비되어 있고, 이러한 요청 사항을 사전에 파악한 점원이 응대한다. 옷감의 감촉 등을 직접 확인하고 나면 전문 재단사가 정확한 치수를 잰다. 그리고

◆ 유니클로, 라쿠텐 등의 글로벌 브랜드 전략과 세븐일레븐, 미쓰이물산, 혼다자동차의 브랜딩 리뉴얼 프로젝트, 그리고 츠타야 롯폰기, 메이지학원대학 등의 공간 디렉션 등을 주도한 유명 프로듀서다.

매장에서 구매·결제하면 2주 안에 주문 슈트를 집에서 받아볼 수 있다. 또 등록된 치수 데이터를 기반으로, 두 번째 주문부터는 모두 온라인상에서 선택·구매할 수 있다.

이처럼 디퍼런스는 '매장 방문 전에 온라인으로 선택하고, 오프라인 매장에서 직접 구매하도록' 유인한다. 2016년 도쿄 아오야마에 1호점을 연 뒤 호평이 이어져, 2017년 12월에는 일본 전역에 49개까지 매장을 늘렸다.

■ 전문 재단사가 직접 치수를 재는 특별한 경험 ■

디퍼런스의 구매 경험을 '고객 시간의 프레임워크'로 살펴보면 다음의 도표와 같다.

디퍼런스에서 하는 구매 경험의 특징은 확실히 '오프라인 매장'에 있다. 고객이 굳이 예약하면서까지 디퍼런스 매장을 찾는 것은 '전문 재단사가 직접 치수를 재는' 특별한 경험이 기다리고 있기 때문이다. 그리고 구매 후 고객이 앱에서 안심하고 '셀프 맞춤 주문'을 할 수 있는 것도 오프라인 매장에서 잰 치수 데이터가 있기 때문이다. 오프라인 매장에서 치수 데이터를 얻는 것이 고객의 구매, 더 나아가 다음 선택까지 촉진하는 것이다.

그리고 두 번째 이후의 구매를 앱으로 넘겨 일련의 과정을 생략하

■ 디퍼런스의 고객 시간

시 간

| 선택 | 구매 | 사용 |

온라인

[디퍼런스 앱]

스타일을
선택하고
매장 방문 예약

[디퍼런스 앱]

마음에 들면
셔츠나
두 번째 슈트
주문은
온라인에서
(선택)

공 간

오프라인

[디퍼런스 매장]

전문 재단사의
치수 재기,
구매와 결제

[고객의 집]

최단 2주 만에
슈트가
도착

면, 대응할 수 있는 고객 수가 늘어나고 비용은 더욱 절감된다. 그래서 디퍼런스는 매장 디자인에 심혈을 기울여 '일부러 예약하면서까지 서비스를 받는다'는 형식으로 고객과 접점을 쌓는 것이다.

■ 비용을 절감해 품질 향상으로! ■

디퍼런스는 이러한 채널 설계로 새로운 형태의 오프라인 매장을 구현하고 있다. 원래 주문형 슈트는 고객 대응에 시간이 걸리기 때문에 매장에서 맞이할 수 있는 고객 수에 한계가 있다. 그러나 디퍼런스는 방문 예약제이기 때문에, 사전에 그 고객에게 맞는 상품을 준비해둘 수 있다. 매장에서 고객의 모든 요구 사항을 듣고 대응할 필요가 없기 때문에 고객에게 드는 시간이 크게 줄어든다. 제한된 매장 인원으로 더 가치 있는 접객 서비스를 할 수 있는 것이다.

디퍼런스는 앱을 통한 방문 예약, 그리고 두 번째 주문부터는 온라인에서 처리하는 시스템을 활용해 매장 운영비를 줄일 수 있었다. 상품 가격 상승은 억제하면서 옷감 등의 품질을 올려, 지금까지 가격 장벽이 높았던 주문형 슈트 분야에 새로운 고객층을 유입하는 선순환 효과를 가져온 것이다.

■ 더 가치 있는 것에 집중한다 ■

디퍼런스의 전략은 단지 '온·오프라인 양쪽에서 매장을 운영한다'는 발상과 확실히 다르다. 이들은 온·오프라인을 조합한 일련의 구매 행동을 '의도적으로' 디자인했다. 이에 따라 타사에는 없는 구매 경험과 효율적인 매장 운영을 동시에 실현할 수 있었다.

디퍼런스의 사례에서 두 가지를 알 수 있다.

하나는 앞으로 의류 업계에서는 고객 접점을 만들기 위해 치수 데이터를 파악해두는 것이 필수라는 점이다. 이는 조조타운이 조조슈트를 제공하기 시작한 것과도 부합한다. 고객의 치수 데이터를 확보함으로써 고객별 맞춤 제안을 할 수 있고, 더 나아가 온라인 처리 시스템을 통해 효율적인 매장 운영으로 이어진다.

또 하나는 '오프라인 매장의 접객 노하우는 채널 시프트에서도 커다란 무기가 된다'는 점이다. 디퍼런스를 기획한 코나카는 원래 신사복 매장을 운영해온 오프라인 기업이다. 이들의 새로운 브랜드 디퍼런스는 온라인을 중심으로 고객 접점을 구축하고 있다. 그러나 그 기반에는 코나카가 그동안 키워온, 주문형 슈트에 특화된 인재와 기술이 있다.

앞서 보노보스의 사례에서 살펴봤듯이 '채널 진화'가 꼭 매장의 무인화를 의미하지는 않는다. 온라인을 유연하게 조합한 채널 설계로 오프라인 매장의 임무가 단순해지면, 더 가치 있는 접객 서비스에 집중할 수 있다.

디퍼런스는 '온라인을 기점으로 하면서도, 오프라인 매장의 강점을 채널 시프트에서 어떻게 살려나갈지'를 보여주는 모범 사례다.

와비파커
Warby Parker
안경을 미리 사용해보고 구매한다

고객 시간에 관한 세 번째 사례는 안경 업계에서 볼 수 있다. 와비파커는 2010년 미국 펜실베이니아대학교 와튼스쿨 동창생 네 명이 창업한 스타트업이다. '온라인 스토어를 기반으로 쇼룸형 매장(오프라인)도 운영'하는 독자적인 채널 구조를 갖고 있다. 2015년에는 미국 경제지 〈패스트 컴퍼니Fast Company〉가 발표한 '세계에서 가장 혁신적인 50개

와비파커의 오프라인 매장

기업'에서 애플, 구글, 알리바바 등을 제치고 1위에 올랐다. 현재는 연매출 1억 달러(약 1,150억 원)를 넘어 급성장을 거듭하고 있다.

와비파커의 한 가지 특징은 안경테를 자체 제작해 95달러(약 10만 9,000원)라는 저렴한 가격을 실현했다는 점이다.◆ 또 사회 공헌 활동에도 적극적으로 나서, 수익금 일부를 비영리 단체에 기부하고 개발도상국에서 시력 검사나 안경 판매 기법 등을 가르쳐주는 활동을 펼치고 있다.

그러나 그 혁신성의 본질은 무엇보다 채널 설계에 있다. 와비파커는 오프라인 매장에서 선택·구매하는 것이 당연시되었던 안경 업계에서 온·오프라인을 융합한 새로운 구매 경험을 실현했다.

■ 고객이 애정을 느끼는 안경 ■

와비파커는 미국 각지에 쇼룸을 두고 있다. 고객은 점원의 설명을 들으면서 상품을 선택해 착용해보고, 그중 마음에 드는 것을 발견하면 매장 아이패드로 주문한다. 쉽게 말해, 오프라인에서 선택하고 온라인에서 구매하는 형태다. 또 통학버스를 개조한 '이동식 매장'으로 전미

◆　당시 미국의 안경 시장은 이탈리아 룩소티카가 거의 독점하다시피 했다. 이 업체는 압도적인 시장 점유율을 토대로 원가에서 일곱 배 이상 부풀린 가격을 책정해 엄청난 수익을 얻고 있었다. 이에 와비파커의 창업자들은 안경 제조와 유통 구조를 바꾼다면, 안경 시장이 훨씬 더 발전할 것이라 생각해 이 운영 모델을 선보였다.

각지를 도는 독특한 채널도 운영하고 있다.

와비파커는 온라인에 기반을 둔 기업이지만, 고객이 안경이라는 상품을 선택할 때 오프라인 공간에서 하는 경험이 얼마나 중요한지 안다. 따라서 철저한 경험 중심의 채널 설계로, 고객이 매장을 찾지 않을 경우에도 그 구매 과정 속에 오프라인 경험을 넣어두었다. 그것이 바로 집에서 안경을 써볼 수 있는 서비스다.

우선 웹사이트에서 간단한 설문에 답을 하면, 와비파커가 안경을 추천해주고 집으로 다섯 개까지 무료 샘플을 보내준다. 고객은 그 샘플을 일정 기간 자유로이 사용해볼 수 있다. 안경은 사람의 인상을 크게 바꿔주는 아이템이어서, 고객은 여러 가지 옷과 맞춰 보거나 주변 사람들의 의견을 들어본다. 여기서 와비파커는 샘플 안경을 끼고 찍은 사진을 SNS에 올릴 것을 추천한다. 와비파커의 해시태그를 붙여 올리면, 친구는 물론 와비파커에게도 조언을 들을 수 있다.

그중 하나를 최종적으로 선택하고 나서 온라인 스토어에서 시력 검사 결과를 첨부해 주문한다. 마지막으로, 샘플을 모두 무료로 반품하면 새로운 안경이 배달된다.

와비파커의 채널 설계는 구매 행동 과정을 '선택 → 구매 → 사용'에서 '사용 → 선택 → 구매' 형태로 바꿨다는 점이 독특하다. 안경은 일용품이나 옷처럼 1년에 몇 번씩 구매하는 상품이 아니다. 아무리 가격이 저렴해도 '마음에 안 들거나 안 맞아도 그만'이라고 생각하기 어렵다. 특히 시력 검사 처방전이 있어야 하기 때문에 일부러 매장에 가야

■ 와비파커의 고객 시간

시 간

사용   선택   구매

온라인

[와비파커닷컴]

웹사이트에서
기호나 취향
등의 설문에
응답

[SNS]

사진을 올려
샘플에서
선택

[와비파커닷컴]

마음에 드는
상품을 주문

오프라인

[샘플]

다섯 가지
샘플을
받아 집에서
시착

공 간

하는 번거로움이 있는 한편, 그렇다고 또 온라인에서만 보고 구매하기
에도 어딘지 불안하다. 그런 고객에게 와비파커의 구매 경험은 커다란
가치가 있다. 같은 안경을 사더라도 차별화된 채널 설계를 통해 고객
을 더 강하게 매료하는 것이다.

▪ 고객의 진입 장벽을 낮추는 전략 ▪

사용 단계를 앞으로 가져오는 이 전략은 고객의 불안감을 없앨 뿐
아니라, 고객과의 최초 접점을 만드는 장벽 자체를 크게 낮춘다. 와비
파커는 고객의 이름이나 주소, 취향 등을 입력하게 하는 대신, 샘플을
보내 제안하는 일련의 대화 과정을 통해 고객과의 접점을 처음부터 구
축할 수 있다.

이 접점은 구매 전 상품을 착용한 사진을 SNS에 올리게 함으로써
공고해지고 이렇게 와비파커만의 독자적인 판매 방법이 만들어진다.
SNS에서 친구나 와비파커에게 조언을 받은 고객은 최종 선택한 안경
에 남다른 애착을 갖게 된다.

또 고객이 샘플을 착용해보고 '어느 것을 선택하고, 어느 것을 선택
하지 않는지' 알게 되면 와비파커에도 귀중한 자료로 남는다. 이 과정을
많은 고객에게 반복함으로써 히트할 상품 예측도 한결 수월해진다. 상
품 디자인 개발을 위해 시장조사를 하거나, 히트할지도 알 수 없는 상

품을 대량으로 제조하거나, 재고를 처리하기 위해 광고할 필요도 없다. 이러한 노력이 모여 95달러라는 저렴한 가격으로 판매가 가능해진다.

▪ '구매 전 사용'이 당연해진다? ▪

와비파커의 사례에서도 두 가지를 발견할 수 있다.

하나는 '오프라인에서 사용해보는 경험을 중시해 구매 행동 과정 자체를 바꾼다'는 발상이다. '구매 전에 사용하는' 채널 설계는 유통구조가 진화하면서 다른 온라인 기업으로도 확산되고 있다.

아마존은 패션 카테고리에서 '무료 반품 정책'을 도입해 '집에서 자유롭게 입어볼 수 있다는' 장점을 전면에 내세우고 있다. 착용해본 뒤 최장 30일까지 반품 가능하며, 반송 요금도 무료라는 파격적인 조건을 내걸었다. 고객은 마음에 드는 것만 정리해 주문하고, 마음에 들지 않는 것은 모두 반품한다. 이는 일종의 반품 시스템이라기보다, 구매 전 고객의 시착을 유도하기 위한 방편이다. 와비파커의 채널 설계는 당연히 '구매 전에 사용한다'는 트렌드를 일찌감치 반영한 것이다.

또 하나는 이러한 채널 설계를 적용할 수 있는 업계는 생각보다 많을 거라는 점이다. 안경이나 의류처럼 개인의 취향이 중요한 상품은 '기업 쪽에서 보면 반품 리스크가 크고, 고객 쪽에서 보면 실패할 위험성이 크다.' 따라서 먼저 경험하게 해 고객과의 접점을 만든다면, 기업으로서도 비즈니스를 더 유리하게 이끌 수 있다. 패션 아이템에서는 앞서 소개한 르토트 등도 대여 형태로 상품을 먼저 경험하게 하여 구매로 이어지는 장벽을 낮추고 있다. 향후 고가의 인테리어나 내구재에도 이 같은 발상을 활용한 채널 설계가 얼마든지 가능할 것 같다.

5장

무인양품이
연결되는 법

그렇다면 새로운 구매 경험을 제공해
고객과 접점을 만들 수 있는 채널은 어떻게 개발해야 할까?
여기서는 무인양품이 2013년 선보인 '무지 패스포트MUJI passport'에 대해 다룬다.
오쿠타니 다카시가 양품계획 시절 개발 프로젝트를 주도한 무지 패스포트는
무인양품 팬들과 접점을 강화하기 위해 만들었다.
당시 새로운 채널을 개발하는 과정에서 얻은 교훈과 효과를 살펴보면서
새로운 과제에 대한 힌트를 찾아보자.

12

고객이
팬이 되는 전략

무지 패스포트란 쉽게 말해 '로열티 프로그램의 앱 버전'이다. 많은 유통업체에서 플라스틱 카드에 쌓아주는 포인트나 마일리지를 스마트폰 앱에서도 가능하게 만들었다.

매장에서 구매할 때 앱의 바코드를 스캔하면 '1엔(약 10원)당 1마일'이 부여된다. 이 마일리지가 어느 정도 쌓이면 유효 기간이 있는 포인트를 준다. 예를 들어, 2만 마일을 얻으면 200엔(약 2,000원)어치의 포인트가 1개월 기한으로 부여된다.

이 채널을 앱 형태로 만든 목적은 '고객과 접점을 만들어 고객 시간을 파악하는' 것이었다.

■ 고객 시간을 더 쉽게 보는 법 ■

무인양품은 2013년 5월 무지 패스포트를 공개하기 전에도 매장에서 판매된 상품명과 수량을 파악할 수 있었다. 그러나 '누가 무엇을 샀는지', '왜 샀는지', 그리고 '구매한 뒤 고객은 만족했는지'를 정확하게 알 수는 없었다.

오쿠타니 다카시는 2010년 웹사업부장이 되었을 때 온라인 스토어의 특징에 주목했다. '그 공간이 온라인이면 고객 시간을 더 쉽게 파악할 수 있지 않을까?' 예를 들어, 구글에서는 고객이 '무인양품'을 언제 검색하는지 알 수 있다. 그리고 DM을 보내면 고객이 얼마나 그 메일을 열어 보는지도 알 수 있다.

물론 고객이 직접 e커머스 사이트를 찾아오면 '어떤 상품을 선택하고 구매하는지' 파악할 수 있다. 아울러 e커머스 사이트에 있는 바이럴 플랫폼 '마이 무지my MUJI'에 직접 상품평을 쓰는 고객도 있다. 한 명 한 명의 고객 시간을 파악하기 위해서는 아이디를 특정할 필요가 있지만, 온라인은 이처럼 '선택 → 구매 → 사용'이라는 고객 시간을 대충이라도 파악할 수 있다는 강점이 있다.

'그럼 인터넷에서 파악할 수 있는 고객 시간을 오프라인에서도 파악할 수는 없을까?' 이러한 고민의 결과물이 바로 무지 패스포트다. 이 앱의 최대 강점은 뭐니 뭐니 해도 '고객이 온라인 세계로 들어오는 입구가 손 안의 스마트폰에서 열린다'는 것이다.

이제 고객들은 좋아하는 브랜드나 마음에 드는 상품이 있으면 언제 어디서든 검색한다. 무인양품을 좋아하는 고객에게 일부러 구글 검색창에서 '무인양품'을 치게 만드는 것보다, 앱(무인양품으로 들어오는 문)을 제공하고 언제든 손쉽게 드나들 수 있는 환경을 만들어주는 것이 고객과 접점을 쌓기에 더 유리하다.

'앱을 일부러 내려받는' 고객은 기본적으로 무인양품을 좋아하는 사람이다. 이들은 MUJI의 팬이며, 구매 금액도 비교적 큰 편이다. 따라서 이처럼 충성도가 높은 고객과의 접점은 기업 쪽에서도 안정적인 매출을 올리는 데 도움이 된다. 실제로 무지 패스포트 이용자의 객단가客單價, 즉 평균 구입액은 비이용 고객보다 훨씬 높다.

■ 매장을 파악하고 고객을 이해한다 ■

무인양품은 고객이 전국 어디에 있더라도 앱을 통해 오프라인 매장 정보, 매장의 재고 정보를 확인할 수 있게 했다. 이를 통해 고객의 선택 단계에도 자연스럽게 들어갈 수 있는 구조를 마련했다. 특히 앱을 열어본 이력, 구매 이력 등을 통해 고객의 무인양품 이용 빈도를 알 수 있는데, 이를 기반으로 최근 매장을 찾지 않은 고객에게 신상품이나 세일 정보 등을 '푸시 알림'으로 보낼 수 있다. 정기적으로 고객과 소통하는 도구로서 앱이 가장 적합하다고 본 것이다.

또 최소한의 고객 정보로 성별이나 나이를 넣게 해 SNS와의 아이디 연계, 무인양품 신용카드와의 아이디 연계 기능을 담았다. 이를 통해 '누가 무엇을 샀는지(구매 데이터)'를 파악할 수 있어 잘 팔리는 상품에 대한 이해도가 한층 더 높아졌다. 이 기능은 '무인양품의 주 고객은 30대 여성'이라는 고정관념을 조금 더 세밀히 분석해, 잘 팔리는 상품별로 그 구체적인 대상을 확인할 수 있다는 효과를 가져왔다.

무지 패스포트 개발 당시만 해도 기업의 앱 개발이 일반적이지는 않았다. 그러나 지금은 무인양품의 계산대를 통과하는 고객 중 약 30퍼센트가 무지 패스포트를 이용하고 있다. 또 아시아를 중심으로 일본 이외의 국가(한국 포함)에서도 그 보급 속도를 높이는 중이다. 무지 패스포트는 소매업에서 앱을 활용한 로열티 프로그램의 선구적 사례이면서, 동시에 무인양품에서 고객 이해도를 높이는 매개체 역할을 톡톡히 하고 있다.

연결에 관한
5가지 교훈

▪ 지갑이 아니라 스마트폰 속으로 ▪

아직 무지 패스포트의 개발 과정을 글로 옮긴 적은 없지만, 한 번쯤은 그 전체상을 돌이켜보고 싶었다.

무지 패스포트가 탄생하기 전인 2012년, 오쿠타니 다카시가 이끄는 양품계획 웹사업부는 SNS를 활용한 디지털 마케팅 전략으로 업계의 주목을 받고 있었다. 특히 오쿠타니 다카시 자신도 '디지털 환경에서 고객과의 접점 강화가 얼마나 중요한지' 깨닫고 그 엄청난 가능성을 실감하고 있었다.

그런 상황에서 열린 사내 회의에서는 신용카드 사업 확대, 매출 증가, 회원 이해도에 관한 내용이 집중적으로 논의되었다. 이때 '무인양품 신용카드를 지닌 고객들이 충성도가 높다'는 사실을 확인했으며, 세부적인 구매 데이터도 어느 정도 파악할 수 있었다. 그러나 그런 데이터를 직접 활용하기에는 아직 충분하지 않다는 인식 역시 남아 있었다. 당시 회의에 참석했던 오쿠타니 다카시는 '과연 그것이 사람별로 가능할까?' 내심 의심하면서도, 머리 한편에 다음과 같은 아이디어를 떠올렸다.

'카드를 지닌 회원과 실시간으로, 혹은 적절한 시점에 소통할 수 있다면 고객과의 접점이 더욱 강화되지 않을까?'

'이를 위해서 고객과 직접 관계할 수 있는 채널이 필요하지 않을까?'

'신용카드나 포인트 카드는 지갑에 들어가기 위해 치열한 경쟁을 벌인다. 게다가 들어가더라도 사용하지 않으면 아무런 의미가 없다. 지갑에 넣을 수 없다면, 현대인이 가까이 두고 사용하는 스마트폰에 넣어보면 어떨까?'

이 아이디어를 부서 내부에서 논의한 결과 '제대로 된 CRM◆ 프로그램을 만들어보자'는 방향으로 발전했고, 세부 기획으로 나온 것이 바로 '무지 패스포트 개발'이었다.

◆　기업이 고객과 관련된 내·외부 자료를 분석해 고객 중심 자원을 극대화하고, 이를 토대로 고객별 특성에 맞는 마케팅 활동을 계획·지원·평가하는 과정이다.

■ 고객과 제대로 소통하기까지의 여정 ■

CRM 프로그램을 만들어보자고 했지만, 사내에서는 새로운 앱을 만드는 데 회의적인 반응이 많았다. 2012년 당시만 해도 이미 여러 차례 실패한 경험이 각인되어 있었기 때문이다. 과거에 만든 앱들은 큰 기대와 달리 막상 제 기능을 하지 못했다.

무인양품의 모바일 앱 역사를 되돌아보면, 무지 패스포트는 앱 3.0에 해당한다. 즉, 앱 1.0과 2.0이라는 실패의 역사가 있었던 것이다.

앱 1.0-실제 상품을 앱으로

처음으로 개발한 앱은 'MUJI calendar'와 'MUJI notebook'이었다. 당시는 애플의 아이패드가 막 발표된 시기였다. 양품계획 경영진과 고

MUJI calendar. 실제 상품을 앱으로 구현했다.

문단은 '달력이나 노트처럼 무인양품이 선보인 실제 상품을 앱으로 만들어보자'는 결정을 내렸고, 실무진은 그 의견을 반영해 달력과 노트 앱을 개발했다. 당시 개발팀은 각 분야의 최고 전문가들을 끌어모아 프로젝트를 시작했는데, 그 기대가 상당히 컸다.

물론 완성된 앱의 디자인과 기능은 훌륭했다. 그러나 '유감스럽게도' 앞서간(시기적으로 너무 일렀던) 기획 탓인지 고객의 호응을 얻지는 못했다. 무인양품의 문구류는 아주 훌륭했지만, 당시 아이패드에서 위화감 없는 필기감을 구현하기란 무척이나 어려운 일이었다.

또한 앱 개발의 기본 플랫폼은 애플과 구글이 쥐고 있어 개발 과정에 이들의 심사가 반드시 들어간다. '심사한다'는 것은 곧 두 회사가 전 세계의 달력 앱, 노트 앱에 관한 정보와 노하우를 얻을 수 있다는 것을 의미했다. 이런 상황에서 경쟁은 당연히 불리했다. 엄청난 수준의 기능과 차별화 요인이 없다면 그들을 이기기란 힘들었다. 더구나 운영체

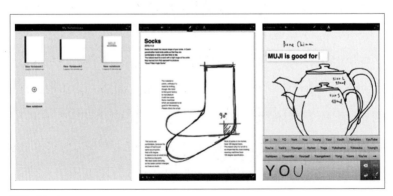

MUJI notebook

제가 업데이트될 때마다 앱에서 버그가 생기지 않도록 유지·보수하는 데도 상당한 비용이 들었다.

우리는 유료 앱으로 전환하며 몇 가지 기능을 개선했지만, 이번에는 다운로드 수가 10분의 1 이하로 떨어졌다. 아직 기술적 진보가 부족했고, 유료 앱에 관한 소비자들의 인식도 충분히 무르익지 않았기 때문이다. 결국, 몇 년이 지나도 적자 상태를 벗어나지 못하고 개발비를 최종 청산하고 말았다. 우리는 이 과정에서 무조건 앱으로 만든다고 좋은 것은 아니라는 점을 깨달았다.

교훈 1 : 경쟁력 없는 채널은 살아남지 못한다

앱 2.0-캠페인과 연동한 앱

우리는 이 같은 실패 경험에서 교훈을 얻었어야 했다. 그러나 당시 SNS 마케팅이 성황을 이루는 분위기에 편승해 또 한 번 실수를 범하고 말았다. SNS를 통해 고객과의 접점 강화가 순조롭게 이뤄지고 있다는 점을 과신한 나머지, 결국 같은 실패를 반복한 것이다.

당시 무인양품은 새로 발매한 '집'의 인지도 확산, 페이스북 팔로어 확대를 목표로 '전부, 무인양품에서 살자'라는 캠페인을 벌였다. 추첨을 통해 '무인양품의 집에 2년간 무료로 살 수 있는' 혜택을 제공하는 것이었다. 새로운 시도로 사람들의 관심이 높아지자 우리는 다시 한번 앱 개발에 나섰고 결국 똑같은 잘못을 저지르고 말았다.

사실 이 캠페인 자체는 성공적이었다. '무인양품의 집'이라는 페이스북 페이지 팔로어 수는 크게 늘었다. 추첨에 뽑힌 고객은 그 집에 들어와 살며 2년간 홍보대사 역할을 했고, 그 기록을 직접 책으로 출간했다. 따라서 장기적인 커뮤니케이션 콘텐츠로써 소기의 성과를 거둘 수 있었다.

그러나 그 이상도 이하도 아니었다. 좋아하는 장소에 '무인양품의 집'을 세울 수 있다는 점을 표방한 이 앱은 무인양품 로고를 스캔하면, 스마트폰 속 공간에 가상현실로 무인양품의 집이 나타나는 형식이었다. 캠페인 기간에는 어느 정도 인지도를 얻었고, SNS에서도 화제를 모았다. 그러나 '고객과의 접점 강화'라는 본래 목적에 그다지 부합하지 못했을 뿐 아니라, 캠페인이 끝난 뒤에는 아무도 열어 보지 않는 '유령 앱'이 되고 말았다.

그 배경에는 2012년경부터 우후죽순 늘어난 앱 개발사들의 존재가

'무인양품의 집'을 위해 제작한 캠페인 앱

있었다. 업체 간의 치열한 경쟁으로 캠페인 앱을 더 쉽고 저렴하게 만들 수 있는 환경이 조성된 것이었다. 그러나 고객은 아무런 도움이 되지 않는 앱을 스마트폰 속에 계속 두지 않았다. 저렴하게 만들 수 있다고 고객에게 의미 없는 앱을 개발·유지하는 것은 당연히 비용 낭비요, 마케터의 자기만족에 지나지 않는다.

당시 아이폰 앱에서 월간 이용자 순위를 살펴보면 명확한 사실을 하나 알 수 있었다. 상위권을 차지한 앱이 대부분 '사람과 사람을 연결하는 SNS 형태의 앱'이나 '정보 탐색을 돕는 형태의 앱'이라는 점이었다. 물론 게임 등도 상위권에 오른 경우가 있었지만, 대부분은 고객이 능동적으로 '사용하고 싶거나' '그 세계에 들어가고 싶은' 의사가 담긴 앱뿐이었다.

결국, 고객의 과제를 해결하지 못하면 고객은 장기간에 걸쳐 앱을 보유하지 않는다. 그처럼 당연한 사실을 우리는 다시 한번 뼈저리게 느꼈다.

교훈 2 : 고객의 과제를 해결하지 못하는 앱은 접점을 만들지 못한다

앱 3.0-고객과의 지속적인 관계 구축을 지향하는 앱

이렇게 몇 번 앱 개발 과정에서 쓰라린 경험을 맛보았기 때문에 우리는 다시는 앱을 개발하지 않겠다는 의지를 갖고 있었다. 고객과의 일시적인 접점을 위해 스마트폰에 의미 없는 앱을 설치하게 만드는 것

은 오히려 브랜드를 훼손하는 것과 마찬가지다.

그러나 단 하나, 신용카드 이용자와 같은 무인양품 팬들과의 상시적인 접점을 갖기 위해 '앱'이란 커뮤니케이션 툴에 대한 관심만큼은 잃지 않았다. 결국 치열한 고민 끝에 '고객의 행동 데이터와 일원화하자'는 방향으로 논의한 우리는 다시 한번 앱 개발의 의의를 찾을 수 있었다.

■ 앱이 지닌 커다란 이점 ■

1 | 고객과의 경계를 무너뜨리는 대화

앱을 개발한 뒤에도 여전히 회사 안팎에서는 회의적인 반응이 많았다. '고객의 행동 데이터를 입수하려면 차라리 ID-POS를 도입해 로열티 카드를 발행하는 것이 낫지 않았을까? 굳이 앱까지 만들 필요는 없을 것 같은데……'

그러나 앱이 지닌 커다란 이점은 '커뮤니케이션의 용이성'에 있었다. 확실히 ID-POS에서도 '고객이 무엇을 샀는지', '어떤 상품을 좋아했는지'는 알 수 있다. 그러나 거기에서 얻을 수 있는 것은, 말하자면 '구매 데이터'라는 '점'에 지나지 않는다. 카드를 가진 고객과의 커뮤니케이션이라고 해봐야 기껏 DM, 개인 이메일이 전부다. 앞서도 이야기했지만, 구매 데이터만을 얻어서는 '고객과의 대화'가 생기지 않는다. 그리고 대화가 생기지 않으면 고객과의 연계/관여도가 깊어지기 어렵다.

반면 앱이라면 푸시 알림을 통한 제안이 가능해지고, 그에 대한 고객 반응을 바로바로 판단할 수 있다. 고객에게 일일이 메일로 말을 걸지 않아도 앱만으로 경계를 무너뜨리는 대화가 가능한 것이다.

교훈 3: 고객의 행동 데이터를 얻어도 대화가 생기지 않으면 의미가 없다

2 | 압도적인 비용 효율

또한 앱의 다운로드 비용은 실질적으로 0엔(무료)이다. 고객이 스스로 앱을 검색해 내려받으면, 그 시점부터 고객과의 커뮤니케이션 접점이 생긴다. 그리고 고객 수가 늘어도 거의 무한대까지 확장할 수 있다.

일반적인 플라스틱 카드라면 어떨까? 발행 매수가 늘어날수록 카드 발행비도 늘어난다. 예를 들어 1장에 10엔(약 100원)씩 든다고 치자. 앱 100만 다운로드와 같은 수만큼의 카드를 발행한다 치면 1,000만 엔(약 1억 원)의 비용이 든다. 물론 앱도 업데이트나 유지·보수, 운영 등에 비용이 들지만, 카드 발행에 비하면 비용의 효율이 압도적으로 높다.

교훈 4: 우수한 채널은 고객 관리 비용을 낮춘다

3 | 아이디 통합을 통한 세밀한 고객 분석

앱으로 CRM 프로그램을 개발한 이유는 또 있다. 그것은 바로 기업 내부에 존재하는 '미니 CRM의 통합'이다. 여기서 '미니 CRM'이란 '기업이 발행하는 로열티 카드·신용카드의 고객 정보, SNS에서 연결된 사람들의 고객 정보, 온라인 스토어가 보유한 고객 정보 등 사내에 흩어져 관리되고 있는 CRM을 가리키는' 우리의 조어다. 미니 CRM이 난립할수록 고객과의 접점은 세분화되어 잘 보이지 않는다.

이러한 CRM을 효율화하려면 우선 고객 아이디를 통합할 필요가 있다. 덧붙여 CRM이란 용어는 2000년대부터 본격적으로 사용되었지만, 당시만 해도 '큰 비용이 들어 주로 대기업들이나 하는 일'이라는 인식이 강했다. 개념은 충분히 이해하지만, 비용 효율이 떨어져 (자금 사정이 나은) 대기업만이 할 수 있다는 생각이 강했던 것이다.

그러나 2010년대 들어 앱 개발이 활성화되면서 CRM의 민주화·범용화가 진행되었다. 스마트폰을 활용하면, 자금 사정이 열악한 스타트업도 CRM이 가능해진 것이다.

그렇다면 대기업이 앱을 가질 때의 우위는 어디에 있을까? 바로 지금까지 큰 비용을 들여 축적해온 고객 정보를 인명화하여 하나의 앱으로 통합하는 데 있다. 그렇게 하면 고객에 대한 다면적인 이해가 가능해져 고객 접점은 한층 더 깊고 강해질 수 있다.

아울러 고객 정보를 통합하면 좀 더 세밀하게 고객 분석을 할 수 있다. 예를 들어 '그 고객은 온라인 스토어에서 구매하지 않을까?', '그들이 카드를 갖지 않은 이유는 무엇일까?', 'SNS 아이디로 브랜드와의 접점을 만들 수는 없을까?'

다만 이때는 '이렇게 곳곳에 존재하는 아이디를 통합하는 데 커다란 비용이 든다'는 점에 주의해야 한다. 고객이 많을수록 고객에 대한 사전 고지나 고객 혼란에 따른 대응책 마련 등에 막대한 비용이 든다.

여기서 오쿠타니 디카시는 아이디 통합을 강제적으로 진행하겠다는 방침을 취소했다. 그리고 각 아이디를 무지 패스포트에 연동하는 것이 고객 입장에서도 이득이 되는 방안을 마련했다. 아이디 통합에 대한 인센티브를 제공함으로써 '완만한 형태의 아이디 통합'을 시도한 것이다.

■ 마일리지 프로그램으로 아이디를 통합하다 ■

우선은 '온라인 스토어와 매장의 아이디 통합'이다. 이를 시스템상에서 통합하려면 막대한 비용이 든다. 그러나 고객의 온라인 구매 데이터와 매장 구매 데이터를 연계한다면 그리 큰돈이 들지 않는다.

고객에게도 아이디 통합은 이점이 있다. 무지 패스포트와 온라인 스토어의 아이디를 통합하면 양쪽에서 얻는 마일리지를 쌓을 수 있기 때문이다. 또 '무인양품 신용카드를 가진 고객이 고객생애가치Customer Lifetime Value◆가 높다'는 사실을 알고 있었으므로 무지 패스포트 도입 당시 '연 2회 500 포인트씩' 부여하기로 하고, 이 역시 앱에서 안내했다.

◆　소비자가 평생에 걸쳐 구매할 것으로 예상되는 이익 흐름에 대한 현재 가치를 말한다. 장기적인 관점에서 판매자가 수익성을 극대화하기 위해 사용하는 개념이다.

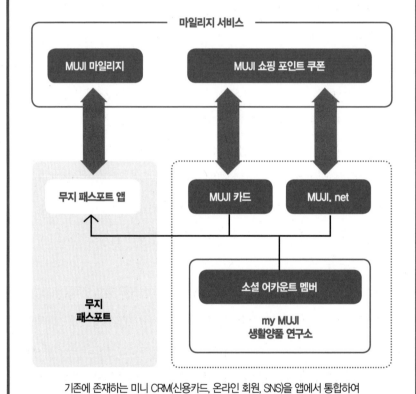

■ 무지 패스포트 / MUJI 마일리지 서비스의 개요

마일리지 서비스

MUJI 마일리지

MUJI 쇼핑 포인트 쿠폰

무지 패스포트 앱

MUJI 카드

MUJI. net

무지
패스포트

소셜 어카운트 멤버

my MUJI
생활양품 연구소

기존에 존재하는 미니 CRM(신용카드, 온라인 회원, SNS)을 앱에서 통합하여
고객 시간의 전체를 파악한다

다행히도 무인양품의 신용카드에는 회원 아이디가 카드번호 옆에 기재되어 있다. 그 회원 아이디를 무지 패스포트에 통합하면 매장을 방문하지 않아도 부여되는 포인트를 확인할 수 있다고 알렸다. 카드 번호는 보안이라는 관점에서 기업이 지게 되는 리스크이지만, 회원 아이디라면 그만큼의 리스크가 없다. 이렇게 이점이 명확하다면, 고객은 능동적으로 아이디 통합을 받아들일 것이다.

덧붙여 SNS 아이디와의 연계 작업도 이루어졌다. 이는 포인트 같은 별도의 이점은 없지만, 고객이 스마트폰을 바꿀 때마다 앱의 아이디와 패스워드를 몰라서 마일리지나 포인트가 소멸했다는 항의가 많은 데서 착안했다.

'SNS 아이디와 통합하면, 앱의 아이디와 패스워드를 몰라도 콜센터에 연락만 하면 언제든 무지 패스포트 아이디를 복원할 수 있다'고 안내했다. 또 SNS 아이디를 활용한 캠페인에 참가해 마일리지를 쌓거나, 페이스북 등의 프로필 사진을 무지 패스포트에서 사용할 수 있는 시스템도 도입했다.

물론 무지 패스포트의 이용자가 전부 다 아이디를 통합하지는 않았다. 실제 결과는 각 아이디별로 기껏해야 20~30퍼센트 정도에 그쳤지만, 그럼에도 마케팅 측면에서는 의미가 컸다. 어느 정도의 모집단이 완성되어 통계 분석에 가치 있는 데이터가 도출되었기 때문이다.

아이디 통합을 제대로, 그것도 시스템으로 완벽하게 하려면 돈을 아무리 써도 부족하다. 물론 그만큼 더 가치 있는 데이터를 얻을 수야 있겠지만, 통계적으로 유추할 수 있는 정도의 모집단만 있으면 충분하다. 오히려 완벽함을 추구하기보다 데이터 활용을 서둘러 진행하는 것이 훨씬 이점이 크다. 조직의 마케팅 감각을 키우고 고객에 대한 제안도 늘릴 수 있기 때문이다.

교훈 5 : 고객 아이디의 통합은 시스템 관점이 아니라 마케팅 관점으로 다가가야 한다

14

좋은 앱은
미디어가 된다

마지막으로, 무지 패스포트의 효과에 대해 살펴보자.

무지 패스포트를 통해 우리는 고객의 성별, 구매 빈도, 구매 아이템, 이용 매장 등을 파악할 수 있었다. 그러나 여기서는 일반적인 로열티 프로그램에서 얻을 수 있는 효과는 제외하고 이야기할 것이다.

■ 고객과 대화가 가능해진다 ■

무인양품은 무지 패스포트를 출시하고 나서 전단지 발행을 서서히 줄여나갔다. 소매업에서는 매주 주말마다 발행하는 전단지에 일정한 매장 유인 효과가 있다고 본다. 그래서 전단 광고는 실무자들에게 '일종의 마약'이 되어 좀처럼 그 유혹을 끊기 힘들다.

그러나 우리는 매주 전단 광고 발행에 수천만 엔을 쏟아부을 바에는 차라리 발행을 몇 번 줄여 그 돈으로 앱을 만드는 것이 더 의미 있다고 생각했다. 물론 전단 광고의 기본 효과까지 부인하는 것은 아니다. 다만, 개별 마케팅 수단으로서 투자 대비 효과를 측정하기 어렵다는 점을 지적하고 싶다. 아날로그 스타일의 커뮤니케이션을 익숙하다는 이유로 지속한 안이함도 분명 있었다.

솔직히 무인양품 같은 브랜드에서 전단을 보고 오는 사람이 얼마나 될지, 내심 궁금하기도 했다. 그러나 SNS 커뮤니케이션, 앱을 통한 접점, 꽤 많은 매장 수, 역사와 함께 쌓아온 브랜드 인지도, 일상생활에서 발견할 수 있는 수많은 상품. 그에 비해 전단 광고는 고객의 행동 데이터는 얻지 못한 채 비용만 많이 들었다.

또한 고객을 둘러싼 미디어의 변화도 뚜렷이 드러나고 있다. 현재 신문 구독을 하지 않는 계층은 빠른 속도로 대도시권을 중심으로 늘고 있다. 신문 사이에 접혀 들어간 전단을 보지 않는 이가 늘어나는데, 우리는 왜 아직도 전단에 의존하는 것일까. 물론 업계의 특성에 따라 다르고, 고령자들에게는 어느 정도 효과가 있는 것도 사실이다. 종이 매체에는 일정 기간에 걸친 '정보의 보유 효과'가 있다. 따라서 모든 업종에서 이를 완전히 중단할 필요는 없다. 그러나 무인양품이라는 브랜드에서는 그 비용을 앱 같은 채널에 투자하는 것이 고객과의 대화 채널을 만드는 데 훨씬 유리한 것이 사실이었다.

무지 패스포트는 도입 1년여 만에 하루 평균 수천만 건 접속되는 '미디어'로 성장했다. 이 시점에 이미 대화 가능한 고객 수는 전단 발행 매수를 넘었으며, 때에 따라서는 메일의 열람 비율까지 넘어섰다.

앱을 만든다는 것은 곧 자사의 방송국을 갖는 것과 같다. 그만큼 많은 이에게 효율적으로 다가갈 수 있고, 정보를 더 세부적으로 전할 수 있다. 이러한 미디어를 갖는 것은 기업의 판촉 전략 자체를 바꿀 만큼 영향력이 크다.

효과1: 기업 전체의 판촉과 커뮤니케이션을 바꾼다

■ 구매 단계 이외의 행동 데이터를 얻는다 ■

CRM 앱은 구매 데이터를 얻는 것이 주목적이라고 생각하기 쉽다. 그러나 단지 그것뿐이라면 ID-POS와 별반 차이가 없다는 것을 모르는 경영자가 의외로 많다. 그것은 고객 시간에서 '구매 단계'를 가시화하는 데 불과하다. 이에 반해 무지 패스포트는 무인양품 팬과 상시적으로 연결하기 위해 다양한 기능을 추가했다.

우선, '체크인 기능'이다. 이는 반경 600미터 안에 있는 무인양품 매

장에 '체크인'하면 마일리지를 얻을 수 있는 기능이다. 600미터 안이라는 것은 '꼭 매장을 실제로 방문하지 않아도 된다'는 것을 의미한다. '방문하지 않는 고객에게도 마일리지를 부여한다고?' 이처럼 의심 어린 질문을 많이 받지만, 그럼에도 의미는 충분하다.

체크인은 고객의 능동적 행위다. 하고 싶지 않은 사람은 하지 않아도 되지만, 이를 매일 하는 사람도 있다. 매일 체크인하는 사람과 무인양품 사이에는 매장에서는 기대할 수 없는 매일매일의 접점, 그리고 체크인과 마일리지 부여라는 상호 활동, 즉 둘만의 대화가 생긴다.

체크인 시간을 확인해보면 흥미로운 사실을 알 수 있다. 통근 시간에 체크인하는 횟수가 압도적으로 많다는 점이다. 이를 통해 우리는 통근 지역과 고객의 이용 가능 매장을 확인할 수 있다. 또 '체크인하고 몇십 분 뒤 구매하는지', '체크인하고 몇 분 이상 지나면 구매하지 않는지' 등의 정보도 알 수 있다. 이러한 정보를 모두 마케팅에 활용하지는 않지만, 이러한 고객의 능동적 행위가 무인양품과의 고객 접점을 강화하고 있는 것만은 사실이다.

아울러 무인양품 매장의 재고 확인 기능이 앱 이용을 더욱 활발하게 만들고 있다. 매장 재고의 가시화는 옴니 채널화에 필수적인 요건이 되고 있다. 이 기능은 무지 패스포트를 도입하기 전부터 존재하던 것으로, 우리는 이 기능을 앱에서 사용하기 쉽게 했을 뿐이다. 그러나 이 평범한 기능이 의외로 이용 빈도가 높은 편이다. 무지 패스포트에서 재고를 확인하면 고객이 있는 자리에서 얼마나 떨어진 매장에 재고가 있는지, 또 그 매장이 어디에 있는지 알 수 있다.

이 기능을 이용하는 사람은 확실히 구매 전, 즉 '선택 단계'에 있다. 이 기능을 활용해 매장을 방문했다는 고객의 목소리도 매장 쪽에서 조금씩 올라왔다. '매장 재고의 가시화, 재고 정보의 접근 용이화가 고객의 매장 방문을 유도하는 데 공헌했다'는 점을 다시 한번 실감한 것이다.

한편 최근엔 각 매장에서 열리는 이벤트 참가 기능이 무지 패스포트에 추가되었다. 고객은 앱을 통해 각 매장에서 열리는 이벤트에 신청할 수 있다. 매장 이벤트는 참가자가 한정되어 얻을 수 있는 매출도 제한적이기 때문에 이를 실시하는 소매업은 적은 편이다. 그러나 무인양품은 상당한 규모의 체인 형태로 운영하면서도, 많은 매장에서 독자적인 이벤트를 기획·개최하고 있다. 이런 것들이 가능한 무인양품의 기획·운영 능력을 칭찬하고 싶지만, 그와 동시에 무지 패스포트를 통한 이벤트 참가자의 '고객생애가치', 즉 '장기간에 걸친 구매 금액'이 크다는 사실이 증명된 것이다.

이러한 이벤트 효과는 수치화하기가 어려워 막상 실행을 주저하는 기업도 많다. 기업 측에서 보면 수익 여부가 불투명한 이벤트에 나서길 꺼리는 것도 충분히 이해할 수 있다. 그러나 무인양품은 무지 패스포트를 통해 '이벤트 참가라는 구매 단계 이외의 행동이 매출에 기여한다'는 점을 알고 있었다.

디지털로 고객 접점을 만드는 효과는 꼭 고객을 '디지털 해부'하는 것만이 아니다. '고객의 구매 단계 이외의 행동을 파악한다.' 바로 이것이 무지 패스포트를 도입해 얻은 중요한 성과였다고 할 수 있다.

■ 각 매장의 특성을 파악할 수 있다 ■

무지 패스포트 같은 앱이 있다면 '고객이, 무엇을, 언제, 어떤 매장에서, 어느 정도의 방문 빈도로 구매하는지' 이해하기 쉬워진다. '어떤 고객이 어떤 상품을 구매하는지'를 알게 되는 것이다.

2013년까지만 해도 특별히 리서치를 하지 않는 한 '고객군마다 무엇을 사는지' 모르는 상황에서 상품 개발에 나섰다. 그러나 이러한 문제가 해소되면서 상품 개발 담당자들은 조금 더 '불편한 진실'에 직면하게 되었다. 그동안 '30대 여성이 주 고객층'이라고 알고 있던 무인양품에도 다양한 고객 니즈가 존재했던 것, 그리고 살 것으로 예상했던 고객이 막상 상품을 사지 않는 경우가 가시적으로 드러났기 때문이다. 이러한 가시화 과정을 통해 분석 빈도가 늘어나면 이를 상품 개발, 판촉 부문에서 폭넓게 활용할 수 있다.

또 '이용 매장 추이'를 분석한 결과 매장 개발 부문에도 강력한 시사점이 드러났다. 언젠가 '특정 지역에서 지역 전체의 매출은 늘었지만, 기존 매장의 전년 대비 매출이 떨어지기 시작했다'는 것을 알았다. 지역 담당자로서는 중차대한 문제로, 그는 무지 패스포트의 데이터를 통해 사용 분석을 실시했다. 과거 2년간 특정 지역을 이용한 고객의 이용 매장 추이를 살펴본 결과 '기존 매장에서 같은 지역 안의 신규 매장으로 이행하는 현상이 벌어진' 사실을 알게 된 것이다.

'같은 지역의 신규 매장이 기존 매장의 매출을 떨어뜨린 것이 아닐까?' 하는 가설은 누구나 세울 수 있다. 그러나 고객의 동향을 파악하지 못하면 증명해내기 어렵다. 특정 지역에 매장이 과도하게 출점했다면 확실히 전면적인 통폐합이 필요하다. 이는 매장의 개·폐업 작업을 동반하기에 상당한 비용과 자원이 든다. 따라서 그렇게 중요한 판단을 매장 개발 부문의 가설에만 의존할 수는 없다. 이처럼 무지 패스포트는 '데이터 분석'이라는 점에서 매장 개발 부문에도 유용한 도구가 되었다. 무지 패스포트가 집약한 고객의 행동 데이터가 부문을 초월한 객관적인 판단을 가능케 한 것이다.

효과 3 : '분파주의Sectionalism를 넘어선 PDCA* 사이클을 가져온다

지금까지 무지 패스포트의 사례를 살펴보았다. 무지 패스포트는 온·오프라인을 연결해 새로운 구매 경험을 제공하는 역할을 다하고 있다. 그리고 그것은 고객 접점을 만들어 기업의 마케팅까지 바꾼다.

◆　목표 달성을 위해 계획(Plan), 실천(Do), 확인(Check), 조치(Act)를 반복하여 실행하는 기법

6장

연결이
가격, 경험, 상품을
바꾼다

■ KEY 3 _ 인게이지먼트 4P의 프레임워크

채널을 온라인으로, 또 오프라인으로 바꾸는 것만으로는 '채널 시프트 전략'이라고 할 수 없다. '접점에 의한 마케팅 요소의 변혁'이야말로 채널 시프트의 진짜 목적이다. 6장에서는 이 부분에 초점을 맞춰 살펴보려 한다.

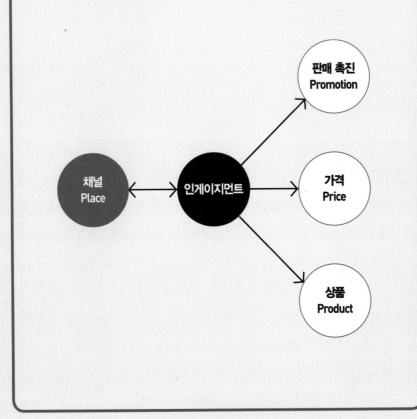

마케팅 자체가
바뀌는 혁명은 일어날까

지금까지 채널 시프트를 주도한 기업들의 사례를 살펴보았다. 그들은 '선택 – 구매 – 사용'이라는 고객 시간에 다가서 온·오프라인 채널을 적절히 조합하고, 이를 고객에게 차별화된 구매 경험으로 제공했다. 그리고 이 과정을 통해 고객 접점을 더욱 강화할 수 있었다.

그러나 지금까지는 '채널 시프트'라는 현상 자체를 다루는 데 지나지 않았다. 진짜 혁명은 바로 그 앞에 있다. 앞서 이야기한 대로, 채널 시프트를 주도한 기업들의 진짜 목적은 '채널 변화'가 아니다. '채널을 기점으로 마케팅 요소 자체를 혁신'하는 데 있다. 그리고 그 성과는 '고객 확보'라는 구체적인 형태로 나타난다.

고객 접점을 얻은 기업은 철저하게 고객 시점에서 경영할 수 있다. 이는 고객을 알고, 그 대화 과정을 통해 모든 마케팅 활동을 최적화해가는 전략이기도 하다. 그렇다면 무엇이 달라질까?

■ 평가 기준은 '매장'이 아니라 '사람'이 된다 ■

우선, 경영에서 '핵심 성과 지표Key Performance Indicators, KPI'가 바뀐다. 3장에서 상세히 이야기했듯이, 옴니 채널 시대가 도래하면서 관리의 축은 고객으로 옮겨졌다. 한마디로 고객 확보를 목적으로 할 경우 매장을 기준으로 한 KPI가 더 이상 적절치 않다는 말이다.

매장을 기준으로 성과를 측정한다면 '전체 매장의 매출 총합'이 곧 기업 실적이 된다. 그러나 고객을 기준으로 하면 '전체 고객의 매출 총합'이 기업 실적이 된다. 이를 조금 극단적으로 말하면, 매장이 아니라 '개별 고객'의 매출을 추구하는 것이 KPI가 된다.

물론 소매업에서는 고객 1인당, 즉 개별 고객당 '매출 추이'도 중요한 지표로 다루어진다. 그러나 그것은 어디까지나 평균으로서의 고객 단가에 지나지 않는다. 문제는 '그 고객이 누구인지', '매장에서 무엇을 찾고 샀으며, 이를 어떻게 사용하는지'를 파악할 수 있느냐는 것이다. 그 내용을 모르면 고객당 매출을 올리기 위해 무엇을 제안해야 할지조차 알기 어렵다. 단지 매출을 고객 수로 나눈 결과만으로는 '개별 고객에 대한 제안'으로 직접 이어지지 않는다.

예를 들어 '개별 고객'에 대해 이해하고 직접적인 제안을 할 수 있다고 해도, 그다음에는 업무 효율의 문제가 발생한다. 제안의 밀도를 높여 고객당 매출이 오르는 한편, 매장의 업무 부하가 급격히 늘어나면 (고정비 부담으로) 이익이 늘지 않는다.

너무도 당연한 이야기지만, 고객마다 원하는 것은 다 다르다. 그 니즈와 우량 고객을 모두 파악해 좋은 제안을 하기란, 또 그 고객이 상품과 서비스를 사용하는 현황이나 만족도까지 파악하기란 결코 쉬운 일이 아니다. 그래서 오히려 '고객의 행동 데이터를 온라인에서 어떻게 파악하고 업무를 디지털화할지'가 중요해진다.

▪ 투자를 판단하는 기준이 완전히 다르다 ▪

KPI를 '매장당 매출'에 둘지, '개별 고객당 매출'에 둘지는 그저 개념적인 차이쯤으로 보일지 모른다. 그러나 디지털화를 진행하는 과정에서 내리는 경영 판단에서는 결정적인 차이가 생길 수 있다.

예를 들어 아마존고가 도입한 무인 계산대를 일본의 소매 기업들도 일찍이 준비해왔으며, 이미 그 실용화를 검토하고 있다. 현재 소매 기업들은 장시간 영업에 따른 장단점과 파급 효과를 논의하고 있지만, 한편으로는 장시간 영업이 쉽지 않을 만큼 매장의 일손 부족 문제가 심각한 상황이다. 무인 계산대가 도입되면 매장 업무의 효율성이 더 높아질 것이라는 전망이 이미 많은 기사에서 쏟아져나오고 있다. 물론 이러한 전망은 어디까지나 언론 보도를 통한 것이기 때문에, 각 기업이 무인 계산대를 어떤 목적으로 다루는지에 대한 진의까지는 알기 어렵다. 그러나 만에 하나 '무인 계산대를 매장 운영 효율화의 대책' 정도로 생각하는 기업이 있다면, 그 인식은 아마존의 전략과 크게 다르다는 것만큼은 확실하다.

아마존고가 무인 계산대를 도입한 진의는 매장 운영의 효율화가 아니라 '개별 고객 확인'에 있다. 입구에서 방문 고객을 인식하고 센서로 그 움직임을 쫓아간다. 이를 통해 매장 안에서의 선택과 구매 행동 데이터를 '개별 고객' 단위로 묶어 파악하는 것이 진짜 목적이다.

2017년 말, 아마존은 일본에서도 매장 내 스마트폰 결제를 도입한다고 발표했다. 다양한 매장에서 아마존 아이디를 통한 결제가 이루어지면, 아마존 계정을 가진 고객이 오프라인에서 어떤 구매 행동을 하는지 구매 단계에서부터 알 수 있다. 이러한 데이터도 아마존닷컴을 비롯한 아마존 전체에 전달되어 고객 정보나 가격, 상품 제안 쪽으로 활용될 것이다.

결국 아마존이 무인 계산대를 도입하는 목적은 '개별 고객당 매출 확대'로 볼 수 있다. 따라서 그 투자 판단의 기준은 '무인 계산대를 가진 편의점에서 개별 고객당 매출이 얼마나 늘어날지'가 된다. 그 정도를 알 수 있다면, 그 후에는 매장을 늘려 고객 전체에 대한 적용률을 높이면 된다.

이에 반해 무인 계산대의 목적을 '매장 운영의 효율화'로만 다루면 투자 판단의 기준이 '무인 계산대로 매장 운영비를 얼마나 줄일지'가 된다. 전자는 당연히 고객을 기준으로 한 발상, 후자는 매장을 기준으로 한 발상이다.

이 판단의 차이는 크다. 전자는 매출 확대에 대한 투자 판단이지만, 후자는 비용 삭감에 대한 투자 판단이다. 쉽게 단정하기는 어렵지만 투자 금액과 매장 도입 속도, 또는 그에 연동한 전략 요소가 크게 바뀔 가능성이 있다. KPI의 차이가 디지털화에 대한 경영 판단을 좌우하고, 온라인 쪽에서 치고 들어오는 '채널 시프터들'의 진의를 간과하는 요인이 될지 모른다.

16

모든 변화의
시작점, 채널

■ 연결을 강하게 만드는 채널 ■

거듭 강조하건대, 채널 시프트란 온라인 고객과의 접점을 통해 오프라인 고객을 쟁탈하는 싸움이다. 채널 변혁은 중요한 경영 판단에 따라 이루어지지만, 그렇다고 그 자체가 목표는 아니다. 채널에서 고객과의 접점을 쌓고 다른 기업이 모방할 수 없는 판촉, 가격, 상품을 만들어내지 못하면 고객을 확보·유지할 수 없다.

이러한 관점에 따라 채널 시프터의 사례를 살펴보면, 그들이 채널의 차별화에 그치지 않고 판촉, 가격, 상품 등에서 새로운 강점을 얻었다는 점을 알 수 있다.

와비파커는 먼저 안경 샘플을 보내고, 이를 착용해보고 SNS에 올리게 하는 판촉 방안을 개발했다. 르토트는 렌털로 고객의 사용 데이터를 파악함으로써 재고 리스크를 예측할 수 있게 만들었다. 그리고 '월정액 과금 + 구매할 경우 50퍼센트 할인'이라는 새로운 과금 스타일을 제안했다. 조조타운은 조조슈트로 치수 데이터를, 온라인 매장에서 선택·구매 데이터를, 또 고객 평가에서는 사용 데이터를 파악해 타사에서는 볼 수 없는 매력적인 맞춤 상품을 제안한다. 이러한 것들은 모두 '고객과의 접점'이 없으면 실현 불가능한 일이다.

■ 마케팅 요소 자체가 바뀐다 ■

우리는 이렇게 '독자적인 채널로 고객과의 접점을 구축하고, 그것을 무기로 마케팅 요소 자체를 바꿔 가는 구조'를 '인게이지먼트 4P'라 부른다. 고객과의 접점에 따라 마케팅 전략의 요소인 채널Place, 판촉 Promotion, 가격Price, 상품Product 자체를 변혁해 타사가 모방할 수 없는 전략을 만들어낸 것이다. 바로 이것이 채널 시프터들의 전략이 갖는 본질이다.

이러한 해석을 도표로 정리한 것이 앞서 제시한 '인게이지먼트 4P의 프레임워크'다.

지금까지 채널은 상품과 가격, 때로는 판촉이 주어진 가운데, 이를 어떻게 현장에서 운영하느냐는 관점에서 판단하는 경우가 많았다. 그러나 고객과의 접점이 마케팅 요소 자체를 바꾸는 지금은 그 접점을 만드는 최전선의 채널을 단지 '운영 대상'으로만 다뤄서는 안 된다. 오히려 고객과의 접점을 만드는 시대에는 '새로운 전략 기점'으로 인식해야 한다. 인게이지먼트 4P의 프레임워크는 바로 그러한 사실을 보여주고 있다.

　그렇다면 '채널에서 구축한 고객과의 접점으로 마케팅 요소를 변혁한다'는 말은 구체적으로 무엇을 의미할까? 다음 절부터 그 실천 사례를 살펴보려 한다.

17

채널을 고객과 연결되는
장소로 바꾼다

인게이지먼트 4P의 관점에서 보면, 채널은 이제 '판매의 장'이 아니라 '고객과의 접점을 만드는 장'으로 역할이 바뀐다.

■ 고객을 아는 것만으로는 연결되지 않는다 ■

채널 시프터들의 고객 시간을 살펴보면, 당연히 채널을 통해 고객과의 접점을 만들고 이를 더욱 강화하는 것으로 보인다. 이때 유의할 점은 채널의 양이 아니라 질이다. "필요한 것은 타사보다 눈에 띄는 것,

그리고 극소수의 중요한 터치 포인트로 고객과의 의미 있는 접점을 구축하는 것"이다.

요컨대 기업 측이 고객에 대한 정보를 모두 파악했다고 해도, 그것만으로는 기업이나 브랜드에 대한 고객의 심리적·행동적인 접점을 얻기 힘들다. 예를 들어 매장에 센서를 설치해 매장 방문객의 움직임을 파악한다고 해도, 그것만으로는 고객과의 접점이 생기지 않는다. 물론 매장 내 집기 배치나 상품 진열, 연관성 높은 상품의 발견과 같은 '효율화' 측면에는 도움이 되겠지만, 여기에는 엄연히 한계가 존재한다. 바로 이 모든 과정이 매장을 기준으로 한 발상이며, 운영 효율화의 범주를 벗어나지 못한다는 것이다. 즉 고객의 차별화된 구매 경험으로 이어진다고 보기 힘들고, 그 기업이나 브랜드와의 접점 구축으로 직결되지 않는다.

기업은 고객에게서 얻은 데이터를 바탕으로 고객별 맞춤 제안을 할수 있다. 고객에게서 얻은 '데이터'와 기업이 내놓은 '제안'이라는 대화를 통해 고객과의 접점을 만들어가는 것이다.

이때는 '고객이 그 기업을 신뢰해 상품을 구매했다고 해도 자신에 관한 데이터까지 능동적으로 제공한 것은 아니'라는 점을 잊지 말아야한다. 누군가 자신의 행동을 엿보고 있다는 생각이 들면 좋아할 고객이 누가 있을까. 그런데도 데이터를 기업에 제공하는 것은 물론 그 기업에 대한 신뢰가 전제되어 있겠지만, 이에 더해 '더 나은 구매 경험, 기업과의 접점을 구축할 수 있다'고 믿기 때문이다.

르토트나 디퍼런스의 사례를 떠올려보자. 고객은 르토트나 디퍼런스에 '다른 사람과는 다른, 나만을 위한 제안'을 기대하기 때문에 치수, 취향 같은 개인적인 정보를 직간접적인 형태로 제공한다.

■ 더 알고 싶은 이들을 위한 고객의 데이터 ■

그렇다면 고객의 데이터란 무엇일까. 데이터의 세부적인 항목은 사업 내용이나 전략에 따라 다르겠지만, 대전제만큼은 '개별 고객을 인식할 수 있는 특징'일 것이다. 오프라인 매장이든 온라인 스토어든, 어떤 접점(채널)을 찾을 때 '그 고객이 누구인지(개별 고객)' 인식할 수 있는 것이 필수다. 그리고 그 인식의 정도가 깊어질수록 고객과의 접점은 깊어진다. 말하자면, 고객의 '프로필 데이터'라고 보면 된다.

이에 더해 '행동 데이터'는 고객의 구매 행동 과정을 파악할 수 있는 데이터를 말한다. 어떤 정보를 접해서 상품을 선택하고(선택 데이터), 어느 매장에서 어떤 상품을 구매하고(구매 데이터), 그 상품을 어떻게 사용하는지(사용 데이터)와 같은 종합적인 이력 말이다. 물론 어떤 상품을 선택하지 않고, 구매하지 않으며, 사용하지 않았는지에 관한 데이터도 고객을 이해하는 데 유용한 정보가 된다.

■ 아마존은 '진짜 베스트셀러'를 안다! ■

구매 행동 과정의 전체 데이터를 파악할 수 있는 채널로 제일 먼저 떠오르는 것이 아마존북스다. '책을 언제 어디서든 선택할 수 있고, 온·오프라인의 경계가 없는 환경에서 구매할 수 있으며, 원할 때 좋아하는 장소에서 책을 읽을 수 있다.' 바로 이것이 책에 관해 아마존이 제공하는 구매 경험이다.

아마존은 고객이 어떤 책을 선택해 샀는지를 이력으로 알고 있다. 그리고 특히 두드러지는 것은 킨들이라는 장치를 통해 사용 실태까지 파악할 수 있다는 점이다.

킨들은 단지 전자책 단말기가 아니라, 아마존이 고객의 행동을 이해하기 위해 책의 사용(독서) 단계에 들어간 강력한 채널이다. 킨들을 통해 아마존은 고객이 '어떤 책을 사는지'에 그치지 않고 '어떤 책을 마지막까지 읽었는지'도 파악할 수 있다.

예를 들어, 육아 중인 사람은 어떤 책을 사서 실제로 읽었을까. 또 심리학에 관심 있는 사람은 어떤 책을 골라 끝까지 읽었을까. 아마존은 온라인상의 선택 데이터만이 아니라 킨들이나 아마존북스의 구매 데이터, 더 나아가 킨들의 독서 이력(사용 데이터)을 통해 이러한 정보를 총체적으로 파악할 수 있다.

제아무리 아마존이라 해도 단지 '책(상품)'을 파는 과정만으로는 구매 이후의 사용 단계까지 들어갈 수 없다. 이때 유일한 접근 방법은 '책에 대한 임의의 리뷰 데이터를 보는' 것뿐이다. 그러나 킨들이라는 채널을 확보한 덕분에 아마존은 책(사물)이 아니라 독서(경험)를 제공하고, 고객 시간의 모든 과정에 관여할 수 있다. 결국 킨들을 통해 '고객의 진짜 베스트셀러'를 알게 되는 것이다.

그 결과 아마존은 고객에게서 얻은 세 가지 행동 데이터를 통해 고객별 맞춤 제안을 할 수 있게 되었다. 여기서 '고객 시간의 프레임워크'에 '대화'라는 또 하나의 층이 나타났다. 다음 페이지의 도표를 보면서 좀 더 상세히 살펴보자.

우선 상품 선택 단계에 얻을 수 있는 고객의 '선택 데이터'에서 직접적으로는 정보를 통한 '판촉 제안'이 가능하다. 예를 들어 아마존에서 책을 검토하다 보면 이 책을 본 다른 사람들이 이 외에도 어떤 책을 검토했는지와 같은 연관 정보가 표시되는 것이 이에 해당한다. 이는 고객의 '선택 단계에서의 행동 데이터'를 파악하지 못하면 불가능한 제안이다.

구매 단계에 얻을 수 있는 고객의 '구매 데이터'에서는 판촉 제안과 함께 '가격 제안'을 할 수 있다. 아마존 전체의 가격 제시로는 '프라임 회원 특별가'가 있지만, 킨들에서는 이것이 더 명확하다. 킨들을 보유한 채 프라임 회원이 되면 매월 한 권씩 무료로 읽을 수 있다. 또 일정 액을 내면 킨들에서 서적을 일정 수량까지 자유롭게 읽을 수 있는 '킨들 언리미티드Kindle Unlimited' 플랜도 구매자를 위한 강력한 가격 제안이다. 이 역시 수많은 고객 데이터에서 평균적인 구매량 등의 데이터

■ 아마존의 고객과의 대화

	시 간		
	선택	구매	사용

공 간

온라인

| [아마존닷컴/
칸들 스토어]

상품을 열람해
책을 선택 | → | [아마존닷컴/
칸들 스토어]

책을 종이
혹은 데이터로
구매 | 칸들 단말기

데이터
독서 |

오프라인

| | 아마존북스 매장

책을 종이로
구매 | 고객의 집 등

종이책
독서 |

대화

고객

| 선택 데이터 | 구매 데이터 | 사용 데이터 |

아마존

| 판촉 제안 | 가격 제안 | 상품 제안 |

를 파악했기에 가능한 제안이다.

그리고 마지막으로 사용 단계에 얻을 수 있는 고객의 '사용 데이터'에 대한 제안이다. 여기서는 '상품 제안'이 가능해진다. 이때 상품 제안이란 '다른 상품을 추천하는 것'이 아니라 '자체적으로 상품을 만들어 제안하는 것'을 말한다. '고객이 어떤 책을 끝까지 읽고 평가를 남기는지' 분석할 수 있다면, 고객에게 인기를 끌 수 있는 소설이나 서적 자체를 아예 독자적으로 만드는 데도 활용할 수 있는 것이다.

물론 여기서 말하고 싶은 것은 아마존이 직접 소설 작품을 발표할지 여부가 아니다. 사용 데이터까지 종합적으로 파악한다면, 상품(소설)의 자체 개발까지도 충분히 가능해진다는 말이다. 실제로 영상 콘텐츠의 개발 과정을 살펴보면, 고객이 남긴 평가 이력에서 새로운 상품을 만들어내려는 움직임이 활발하다. 사실 아마존은 신발, 의류, 가구, 가전 등의 영역에서 이미 자체 상품 개발에 박차를 가하고 있다.

아마존이 구축한 채널은 '마케팅 4P'에서 말하는 'Place'의 변혁이다. 선택 데이터에 대한 판촉 제안은 'Promotion'이다. 구매 데이터에 대한 가격 제안은 'Price'에 해당하며, 사용 데이터에 대한 상품 제안은 'Product'이다. 결국 아마존은 채널Place을 통해 고객의 행동 데이터를 파악하고, 이를 활용해 판촉Promotion, 가격Price, 상품Product 등을 변혁하며 고객에게 새로운 가치를 제안하는 것이다.

그동안 오프라인에 기반을 둔 기존의 소매 기업, 그중에서도 슈퍼마켓이나 편의점 등이 자체 상품을 출시해왔다. 자체 상품의 강점 중 하나는 '매장의 POSPoint of Sale 데이터를 보고 판매 현황을 파악해, 이를 자사 상품의 개발 과정에 활용할 수 있다'는 점이다.

아마존은 여기서 한발 더 나아가, 사용 데이터까지 포함한 행동 데이터 전체를 파악해 자사 상품의 개발에 나설 수 있다. 예를 들어, 현재 아마존은 PC 주변기기 등의 자체 상품을 다양하게 선보이고 있다. 그러나 이들의 진짜 강점은 타사 상품의 '구매 데이터'에서 판매 흐름을 파악할 뿐 아니라, 거기에 적힌 리뷰 같은 '사용 데이터'에서 고객의 만족도까지 총체적으로 알 수 있다는 점이다. 이러한 정보를 세밀히 분석함으로써 아마존은 판매 확률이 더 높은 자체 상품을 선보일 수 있는 것이다.

이처럼 고객에게서 얻은 데이터를 기반으로 기업은 새로운 가치를 제안하고 있다. 다만 여기서 한 가지 주의해야 할 것은 고객과의 대화를 풍성하게 만드는 요소가 '점'의 데이터는 아니라는 사실이다.

요컨대, '선택 데이터'를 갖고 있다고 해도 고객에게 유익한 제안을 하기는 힘들다. 예를 들어, 한 번 흥미 삼아 엿본 e커머스 사이트의 광고가 그 후 어떤 사이트를 봐도 표시되었던 경험을 떠올려보자. 사지 않기로 마음을 정했거나 혹은 이미 한 번 샀는데도 전혀 상관없다는 투다. 거절해도 따라오고 이미 샀는데도 계속 쫓아오는 세일즈 도구에 대해, 결국 고객은 진저리를 치게 될 것이다. 더 나아가 그 기업이나 상품 자체를 아예 혐오하게 될지도 모른다. 결국 '고객과의 접점 구축'이란 면에서는 역효과를 초래할 우려가 크다.

그러나 '구매 데이터'까지 갖고 있다면, 선택 – 구매까지의 데이터를 통해 더 좋은 제안을 할 수 있다. 마찬가지로, 여기에 '사용 데이터'까지 갖고 있다면 선택 – 구매 – 사용까지의 데이터를 통해 최적의 판촉 제안과 가격 제안이 가능해질 것이다. '점'의 데이터로 기계적인 제안을 반복할 것이 아니라, 접점이 있는 복수의 데이터로 '개별 고객'의 니즈를 인식해 제안의 질을 높여야 한다.

'다양한 데이터를 조합해 만든 차별화된 제안으로 고객의 구매 경험을 더욱 풍성하게 만든다.' 접점을 통한 마케팅 변혁 과정에서 채널의 역할과 존재 가치가 바로 여기에 있다.

판매 전략에서
배송 방법까지 바꾼다

고객과의 접점이 있다면 고객에게 최적의 판촉 제안을 할 수 있다. 그러나 더 중요한 것은 판촉 제안 자체가 아니라, 그 결과로 각각의 고객에게 어떤 이점을 가져다줄 수 있는지다.

이에 대한 사례로 '가정에 채소 등의 식자재를 배달하는' 오이식스를 다룬다. 오이식스는 인터넷을 이용한 식자재 배달 자체가 일반적이지 않던 2000년에 창업해, 현재는 유기농 채소나 식자재 배달부터 가정별 사정에 맞는 식단 솔루션meal solution까지 제공하는 기업으로 성장했다. 현재 '정기 배달 코스'를 기본으로 약 16만 명이 넘는 회원 수를 자랑한다. 2017년에는 '대지를 지키는 모임'과 경영을 통합해 '오이식

스닷다이치オイシックスドット大地'가 되었다(이후 2018년 7월, 오이식스 라 다이치로 사명을 바꾸었다 − 옮긴이). 오쿠타니 다카시는 2015년 양품계획에서 오이식스로 옮겨 현재 COCO직을 맡고 있다.

오이식스
처음부터 쇼핑 카트에 채소를 넣어두는 이유

오이식스는 고객의 선택−구매 데이터를 적절히 활용해 고객에게 유익한 판촉 제안을 하고 있다.

우리는 오이식스에서 처음 쇼핑했을 때의 인상을 지금도 잊지 못한다. 왜냐하면 오이식스는 고객이 쇼핑을 시작하기 전부터 상품을 쇼핑 카트에 넣어두었기 때문이다.

흔히 온라인 스토어에서 구매하면, 우선 로그인하고 사이트에서 원하는 상품을 하나씩 찾아 카트에 넣은 뒤 마지막에 결제하는 것이 보통이다. 그러나 오이식스에서는 미리 카트에 넣어둔 채소와 식자재를 확인하는 것부터 시작한다. 고객은 각각의 채소를 추천한 이유나 품질 정보를 보면서 상품을 선택한다. 이때 필요 없는 것은 카트에서 빼고, 원하는 것만 배송일을 지정해 구매한다. 등록된 신용카드에서 월말에 일괄 결제할지, 편의점 결제나 계좌이체 등을 이용할지는 사전에 선택할 수 있으므로 결제 방법을 매번 정할 필요도 없다. 귀갓길 전철 안에서도 선택부터 구매까지 온라인으로 끝낼 수 있다.

　오이식스는 고객이 정한 코스에 들어가, 고객이 마음에 들어 하는 상품 정보를 파악해두었다가 그 후 그 상품을 우선적으로 카트에 담아 둔다. 오이식스로서는 고객별로 좋아하는(자주 사는) 채소를 추천할 수 있고, 판매 현황에 따라 상품 매입 품목이나 수량을 조정할 수 있다는 이점이 생긴다.

　오이식스에는 '피치 카부', '아메 토마토'◆ 같은 별칭이 붙은 인기 상품이 많다. 그러나 채소는 계절은 물론 산지의 기후 조건 등에 따라 입고되는 상품이나 질이 크게 달라진다. 고객에게 인기 있는 상품이라고

오이식스 사이트

◆　　피치 카부는 치바현에서 생산되는 복숭아처럼 과즙이 많고 단 순무이다. 아메 토마토는 당도가 기존 상품보다 두 배 이상 높은 방울토마토로 '아메'는 '사탕'을 뜻한다.

■ 오이식스의 고객과의 대화

시 간

| 선택 | 구매 | 사용 |

**카트에 상품을
미리 넣어준다
(개별 고객의
필요에 맞춰)**

고객

대화

오이식스

선택 데이터 + 구매 데이터

판촉 제안

해서 언제든 입고될 수 있는 것도 아니다. 그래서 오이식스는 고객별 배달 코스에 기반하면서, 고객이 좋아하는 상품 정보를 활용해 카트를 상품 제안의 장으로 바꿨다.

고객이 보기에도 이 구매 경험이 훨씬 합리적이다. 사람들은 대부분 세부적인 일일 식단 계획을 미리 정해두지 않기 때문이다. 따라서 자신의 기호에 맞춰, 또는 대부분 좋아하는 것으로 골라 식자재를 제안해주면 고객은 몇 번의 검토만으로 식단 고민을 해결할 수 있다. 이에 더해 이른바 '제철 채소'도 그때그때 추천받을 수 있다. 마치 단골 채소가게에서 주인이 좋은 상품을 추천해주는 느낌이다.

■ '대화'가 없으면 고객과의 접점은 얕아진다 ■

이때 핵심은 '카트에 상품을 넣어둔 상태로 제안하고, 고객이 이를 선택하는(혹은 선택하지 않는)' 대화가 발생했다는 점이다.

채소 배송을 이용하는 고객 중에는 식자재 구매에 관한 '선택'을 기업에 위탁하고 시간을 줄이려는 사람도 많다. 정기적으로 제철 채소를 받는 식자재 배송 서비스도 그 상자의 내용물은 전적으로 기업 측에 맡긴다. 그러다 보니 자칫 커뮤니케이션이 일방통행으로 흐를 우려도 있다. 그러나 오이식스에서는 카트에 미리 상품을 넣어두고, 이를 굳이 고객에게 선택하게 함으로써 '대화'를 만들었다.

사실 오이식스에서는 기존 시스템의 단점도 이미 데이터로 파악하고 있다. '제안대로 계속 상품을 구매하는 사람일수록 오히려 고객 만족도의 편차가 크고 회원 해약률도 높아진다'는 것이다. 따라서 이 선택의 시간은 매출 여부를 넘어, 고객의 능동적인 선택을 유도하는 과정으로 삼는다. 오이식스는 온라인 스토어의 장점을 최대한 살려, 고객의 선택 단계에 들어가 그곳에서 '대화의 장'을 만들어낸다. 그리고 이를 통해 고객과의 접점을 더욱 강화한다.

　'고객이 무엇을 사는지만'을 알고 싶다면, 기존 배송업체도 충분히 같은 결과를 얻을 수 있다. 그러나 '고객 시간의 데이터를 얻는다'는 점에서는 오이식스처럼 제안과 선택이라는 대화가 있는지 여부의 차이가 크다.

　단순한 구매 데이터로는 고객의 구매 혹은 이탈이라는 '결과'만 알 수 있다. 고객이 떨어져나가도 원하지 않는 채소가 배송되었다거나, 먹어 보니 별로 맛이 없었다거나, 혹은 양이 너무 많아 남았기 때문이라는 식의 내막을 알 길이 없다. 구매 데이터만으로는 고객과의 긴밀한 대화로 이어지지 않는 것이다. 그리고 그 결과에 따라 '구매 금액이 큰' 혹은 '이용 시간이 긴' 고객에게 할인 등의 가격 제안을 하는 데 그치고 만다. 앞서 이야기했듯이, '점'의 데이터로는 고객에게 가치 있는 제안을 하기 어렵다.

　이에 반해 오이식스는 평균 월 2회의 구매를 통해 고객의 선택과 구매 데이터를 대량으로 축적하고 있다. 이러한 데이터를 잘 활용하면,

장기적으로는 고객별 맞춤 제안도 충분히 가능하다. 제안하는 상품의 정확도가 올라갈 뿐 아니라 선택 시간도 단축할 수 있다.

예를 들어, 선택 단계의 시간을 줄이고 싶어 하는 고객이 '오이식스의 제안이면 충분하다'고 생각하면 아마존대시처럼 '원 클릭'만으로 상품 구매를 끝낼 수 있다. 기업의 개인별 맞춤 제안에 따라 '고객 획득(고정 고객을 얻는다)과 포위(고객 이탈을 막는다)'라는 궁극적인 목표를 동시에 달성할 수 있다.

MUJI 여유 배송

MUJI 遲得

배송이 늦는 대신 마일리지를 증정한다

접점을 통해 판촉을 바꾼 또 하나의 사례로 양품계획의 '여유 배송遲得' 캠페인을 들고 싶다.

무인양품은 '무인양품 주간'이라는 이벤트를 정기적으로 하고 있다. 원하는 상품을 10퍼센트 할인가로 살 수 있어, 이벤트 기간 중 온라인 스토어의 주문 건수가 평소의 6~7배에 이를 만큼 인기를 얻고 있다. 이에 따라 무인양품에서는 '이 시기의 배송 집중 문제를 어떻게 해소할지'가 항상 고민이 된다. 이 기간에는 단기 아르바이트 직원들의 발송 실수와 택배사의 배송 지연이나 분실 등의 문제가 많이 발생해 회사로서도 대응하기가 쉽지 않은 것이 사실이다.

■ 늦게 배송해도 소비자의 지지를 얻는 법 ■

소매·유통 기업으로서는 안정적인 물류 기능이 무엇보다 중요하다. 그러나 통신판매 분야의 물류는 기업 측의 바람과 달리 시기별로 불안정할 때가 많다. 특히 특정 기간에 몰리는 막대한 주문량은 물류 부문에 엄청난 파급 효과를 가져온다. 미국의 '사이버 먼데이Cyber Monday',♦ 알리바바가 11월 11일에 실시하는 '광군제光棍節'♦♦ 같은 시기에 벌어지는 갖가지 배송 문제가 대표적이다. 사실 이러한 기간에 올리는 막대한 매출 뒤에는 물류회사의 열악한 시스템 문제가 도사리고 있다.

'무인양품 주간' 앞뒤로 '특유의 고객 행동'이 발생한다. 무인양품 주간은 보통 월요일에 안내되고, 행사는 그 주 금요일에 시작된다. 그런데 안내 직전에 상품을 주문한 고객 중에서, 아직 상품을 보내지 않았으면 주문을 취소하겠다는 이가 속출한다. 그리고 이벤트 기간에 들어간 뒤 이를 다시 주문한다. 무인양품 주간의 할인율은 10퍼센트로 그

♦ 　전미소매협회가 2005년, 대대적인 판촉을 기획하기 위해 고안해낸 용어. 매년 11월 넷째 주 목요일인 추수감사절을 보낸 뒤 일상으로 돌아온 소비자들이 온라인 쇼핑을 즐기면서 온라인 스토어의 매출이 급등한 데서 유래한다. 미국의 추수감사절 연휴 후 첫 월요일이다.

♦♦ 　중국의 11월 11일로, 미국의 블랙프라이데이처럼 최고의 쇼핑 시즌을 가리킨다. '광군'은 중국어로 독신, 싱글을 뜻하는 말이다. 숫자 1의 모양이 외롭게 서 있는 사람의 모습과 비슷하다고 해서 그 명칭이 확산되기 시작했다. 특히 2009년 광군제를 맞아 중국의 최대 전자상거래 기업인 알리바바가 자회사인 타오바오몰을 통해 독신자를 위한 대대적 할인 행사를 시작하면서 광군제는 중국 최대 쇼핑일로 거듭났다.

리 크지 않은데도 다수의 주문 취소와 재주문이 발생한다.

이러한 고객 행동 데이터를 보고 오쿠타니는 '고객이 주문한 상품이 지금 바로 필요한 건 아닐 수도 있다'는 생각이 들었다. 이러한 구매 단계의 특징을 고객 입장에서 생각해보니 '무인양품의 상품과 서비스에 대한 신뢰도가 크기 때문에 조금 기다려도 싸게 사고 싶다'는 니즈가 있음을 깨달았다. 그렇게 '무인양품과의 접점을 느끼는 고객에게 더 나은 가치를 제공하면서 물류 부문의 혼란까지 해결할 수는 없을지' 고민한 결과, 한 가지 아이디어가 떠올랐다.

바로 무인양품 주간 중 온라인 스토어에서 주문한 고객에게 조금 늦은 배송일을 지정해 받는 대신, 특전으로 마일리지를 제공하는 '여유 배송 서비스'가 그것이다. 이 서비스의 목적은 '좀 더 여유 있는 배송 서비스'에 대한 소비자들의 공감을 만드는 것, 그리고 그와 동시에 상품 출하 작업(물류 부문)의 부담을 더는 것이었다.

고객으로서는 급하게 필요하지 않은 제품일 경우 배송 일정을 조금 늦추는 대신 마일리지를 받을 수 있다. 마일리지에 매력을 느끼는 고

'MUJI의 여유 배송' 캠페인 안내(2013년 11월)

객은 무인양품에서 다음에도 구매할 의사가 있는 사람들이다. 그런 고객에게 마일리지라는 특전을 부여하는 것은 무인양품으로서도 회수율 높은 판촉 투자가 되는 것이다.

▪ 억지로 다가가면 비난과 불만이 생긴다 ▪

이 이벤트를 하고 나서 무인양품은 고객과의 접점을 한층 더 강하게 느낄 수 있었다. 이 기간에 여유 배송 서비스를 이용한 사람은 1만 9,000여 명에 달해, 전체 주문의 약 17퍼센트에 이르렀다. 참고로 이 서비스가 없던 직전 해에는 배송일을 늦춰 주문한 고객이 전체의 4퍼센트에 지나지 않았다. 결과적으로, 여유 배송 서비스 덕분에 한창 바쁜 시기의 물류 배송 문제가 단순 계산만으로도 10퍼센트 이상 개선되었다.

이 기획은 물류 센터에서도 큰 호응을 얻었다. 배송 지정일의 폭은 약간 늘었지만, 무인양품 주간의 골칫거리였던 배송 지연 문제가 사라져 품절 방지에만 집중할 수 있었다.

반면 몇 가지 과제도 있었다. 하나는 무지 패스포트의 문제이기도 한데, 마일리지가 구매 포인트와 마찬가지라고 오해하는 고객이 있었던 것이다. 또 식품처럼 유통 기한이 있거나 한정판인 상품을 출하할 때는 개별적인 대응이 필요했다.

그런데도 이 기획이 성공한 것은 제안을 통한 '대화' 방식이었기 때

■ MUJI 여유 배송의 고객과의 대화

시 간

선택　　　구매　　　사용

여유 배송을
선택하면
1,000 마일리지
증정

고객

대화

선택 데이터　+　구매 데이터

MUJI

판촉 제안

문이다. 이것이 만일 기업 측 사정으로 지연되는 배송을 고객에게 무턱대고 이해하라는 식이었다면, 뉴스나 SNS 등을 통해 커다란 비판과 불만을 초래했을 것이다. 그러나 이 기획은 기업이 대화의 장을 만들고, 고객이 여유로운 배송을 선택하며 호응했다. 그에 대한 보답으로 기업은 고객이 원하는 본질적인 니즈(싸게 사고 싶다는 욕구)를 채워주고 그 대가(마일리지 부여)까지 명확하게 제시했다. 결국 고객의 선택 단계에 들어가 '여유 배송'이라는 제안을 했던 것, 그리고 이를 통해 의식적인 대화를 만들어 고객과의 접점을 강화한 것이 바로 성공의 원인이었다.

■ 물류 인프라를 대화의 기회로 ■

채널 설계와 물류는 동전의 양면과도 같다. 떼려야 뗄 수 없는 관계인 셈이다. 지금이야 익일 배송은 물론 당일 배송도 등장해 온라인에서 구매한 상품을 곧바로 받아볼 수 있다. 이제는 온디맨드 배송(고객이 원하는 시간에 원하는 서버를 제공하는 서비스)이 흔해져 고객도 이 서비스에서 특별한 가치를 느끼지 않는다.

2013년 일본통신판매협회JADMA가 12개 회원사의 고객을 대상으로 실시한 '배송 만족도 조사' 결과에는 고객의 '속내'가 잘 드러나 있어 흥미롭다. 배송 서비스에 바라는 것이 무엇이냐는 질문에 '배송 시간대 지정'이라는 대답이 68퍼센트, '배송일 지정'이라는 대답이 62퍼센트로,

배달 일시 지정에 관한 요구가 많았다. 반면 '당일 배송'은 4퍼센트, '익일 배송'은 9퍼센트로 예상보다 훨씬 낮았다. 이 조사 결과가 모든 목소리를 대변한다고는 볼 수 없으며, 조사 대상인 통신판매 기업의 고객은 특성상 배송 속도에 크게 연연하지 않을 가능성도 있다. 그러나 일본의 소비자가 대부분 '빠른 배송'을 최우선으로 여기지 않는다는 점만큼은 사실로 보인다.

앞으로는 배송 속도만이 아니라 '배송되기까지의 시간이나 비용 같은 요소도 고객과의 대화 기회가 될 수 있다'는 발상이 생길 것이다. 2017년 10월 조조타운이 한 달 동안 실시한 '배송료 자율' 시험은 그 대표적인 예다. 기존에는 구매 금액이 4,999엔(소비세 포함, 약 5만 원) 이상이면 배송료 무료, 그 미만이면 399엔(약 4,000원)의 배송료가 들었다. 그러나 '배송료 자율'에서는 0엔부터 3,000엔(약 3만 원)까지의 범위에서 고객이 어느 정도가 적정 가격인지 생각해 자유롭게 배송료를 지정할 수 있게 했다. 스타트투데이의 마에자와 유사쿠前澤友作 사장은 그 이유를 다음과 같이 설명했다. "운송하는 사람과 받는 사람 사이에 어떤 감정적 교류, 가치적 교환이 생기지 않을까."

이는 기업만이 아니라 물류 인프라를 지탱하는 기업의 가치까지 공유해, 고객과의 대화를 만들어내려는 노력이자 의지라고 할 수 있다.

앞으로는 배송에 대한 제안 역시 고객 맞춤형으로 이뤄질 것이다. 더딘 배송, 부대 서비스가 있는 택배 등 고객별 맞춤 제안이 더욱 늘어날 수 있다. 고객의 더 나은 구매 경험을 위해 물류가 제안할 수 있는 여지는 크다. '고객과의 대화'라는 관점에서 보면, 인프라인 물류조차 고객과의 접점 창출 기회로서 충분한 가능성이 있다.

오직 고객만을
위한 가격이 된다

고객과의 접점이 있다면 최적의 가격을 판단해 고객에게 제안할 수 있다.

여기서 중요한 것은 가격 제안 자체가 아니라 '그 결과로 개별 고객에게 어떤 이점을 줄 수 있는지'다. 이를 가리켜 필립 코틀러는 다음과 같이 말했다.

"디지털 시대에는 표준 가격에서 가변 가격으로 진화한다. 기업은 과거의 구매 패턴, 매장까지의 거리 등 고객 프로필의 다양한 요소를 근거로 가격을 청구하고 수익성을 높일 수 있다."

여기서는 가격 제안의 첫 사례로 다시 한번 아마존북스를 다룬다.

아마존북스
압도적으로 대우가 다른 가격 전략

아마존의 프라임 회원은 2017년을 기준으로 미국에서 8,500만 명, 일본에서 300만 명을 넘어섰다. 일본에서는 연간 3,900엔(약 4만 원) 혹은 월정액 400엔(약 4,000원)으로 다양한 특전을 누릴 수 있다. 아마존닷컴에서 물건을 살 때 무료 배송은 물론 두 시간 안에 상품이 배달되는 '프라임 나우', 영상과 음악 콘텐츠를 마음껏 보고 들을 수 있는 '프라임 비디오'와 '프라임 뮤직', 아울러 용량 무제한으로 사진을 보존할 수 있는 '프라임 포토' 등 여러 가지 우대 서비스가 준비되어 있다.

이것만으로도 타사가 감히 흉내조차 낼 수 없는 가격 제안이라고 할 수 있다. 그러나 아마존은 프라임 회원의 가격 특전을 온라인뿐 아니라 오프라인으로도 넓히고자 한다. 바로 그 하나가 '아마존북스의 가격 제안'이다.

우리는 실제로 시카고의 아마존북스 매장에 들러 상품을 구매해보고는, 그 매장이 단순히 서점이 아니라 가격 제안을 통한 고객과의 대화 장치라는 점을 깨달았다.

1장에서 이야기했듯이, 아마존북스에 비치된 상품에는 가격표가 없다. 가격은 고객이 아마존 앱을 켜거나 매장 내 단말기를 이용해 상품을 스캔해야 확인할 수 있다. 거기에서 고객은 두 가지 가격을 확인할 수 있다. 하나는 프라임 회원일 경우, 또 하나는 일반 회원일 경우의 가격이다. 지금까지 일본의 소매업에서는 직접적으로 가격 차이를 보이는 경우가 드물었다. 그러나 아마존의 프라임 회원은 오프라인에서도 온라인과 같은 우대 가격으로 상품을 살 수 있다.

이 명확한 가격 차이는 비회원에게 '제대로 대접받지 못하는 듯한' 느낌을 준다. 게다가 이는 단순히 '정보'가 아니라 '경험'이다. 이러한 경험을 통해 비회원 고객은 어떤 생각을 하게 될까? 아마도 대부분 프라임 회원이 안 되면 손해라고 생각할 것이다. 이처럼 아마존은 '의도적으로' 프라임 회원과 비회원의 대우를 달리하는 장을 오프라인에 만들어, 차별화된 가격을 제안하고 프라임 회원에게 우월감과 만족감을 선사해준다.

또 아마존북스 매장에서는 아마존에코의 전시를 열기도 하며, 고객들에게 디바이스에 대해 상세히 설명하기도 한다. 이러한 방식도 고객을 프라임 회원으로 유인하는 하나의 연출이다. '아마존 프라임의 세계로 어서 오라'는 환영사이며, 그곳을 방문한 모든 이에게 아마존과 접점을 가지면 삶이 얼마나 풍요롭고 편리해지는지를 오프라인 매장 전체에서 표현하고 있는 것이다.

아마존이 아마존북스를 통해 얻는 수익은 거의 없다고 알려져 있다. 그런데 아마존은 가격 제안을 통한 고객과의 대화만을 위해 이 채널을 운영하고 있다.

■ 홀푸드마켓 고객이 프라임 회원이 되다 ■

프라임 회원에 대한 가격 제안은 거의 모든 상품으로 확대되고 있다. 아마존이 인수한 홀푸드마켓의 매장에서도 이미 프라임 회원에 한정한 우대 서비스와 함께, 일부 상품의 특별 할인가를 도입하고 있다. 아마존은 홀푸드마켓을 아마존북스처럼 거대한 가격 제안 장치로 삼고 있을 가능성이 크다. 매장을 방문한 고객들이 '구매' 단계에서 파격적인 가격 제안을 경험하게 하고, 이들을 프라임 회원으로 끌어들인다. 아마존북스나 홀푸드마켓 같은 오프라인 매장은 그 출입구나 다름없다.

사실 출입구는 보다 많은 이에게 열어둘수록 좋다. 그렇기 때문에 아마존은 홀푸드마켓을 인수하자마자 상품 전체의 가격 인하부터 단행했다. 매장 방문의 장벽을 낮춰 더 많은 고객을 유인할 수 있기 때문이다.

아마존의 오프라인 진출은 처음부터 판로 확대가 아니라, 고객의 행동 데이터를 파악해 고객 접점을 쌓는 데 진짜 목적이 있었다. 그렇게 보면 아마존은 서적이나 식품에 머물지 않고 의류 등에도 진출할 가능성이 있다. 혹은 오프라인 기업에 아마존 계정을 사용하는 결제 시스템을 제공해, 더 광범위한 품목까지 고객의 구매 데이터를 확보할 수도 있다.

기존 오프라인 기업이 갖고 있는 '매장 단위의 구매 데이터'로는 그

■ 아마존북스의 고객과의 대화

시 간

선택　　　　　구매　　　　　사용

이 책을 구매한
사람 00도

프라임 회원이면
00달러

상품 추천

프라임 추천

고객

선택 데이터　＋　구매 데이터

대화

아마존북스

판촉 제안　　　　　가격 제안

저 '매장 단위의 가격 제안'밖에 나올 수 없다. 그러나 고객 단위의 데이터를 아마존고나 아마존북스가 도입한 매장에서의 개별 고객 인증과 조합한다면? 같은 매장 안에서도 고객에 따라 다른 가격을 제안할 수 있다.

이처럼 개별적인 가격 제안이 가능해지면, 고객 접점을 갖지 않은 기업과의 차별화로 이어져 고객 유입 과정에서 엄청난 영향력을 가질 수 있다.

이키나리 스테이크

いきなりステーキ

차별하지 않는 우대 전략

이번에는 아마존과 대조적인 제안으로 주목받는 사례를 소개한다. 바로 페퍼푸드 서비스가 운영하는 스테이크 전문점 체인 '이키나리 스테이크'다.

이키나리 스테이크는 오프라인에 기반을 둔 기업으로, 주로 일본 내에서 사업을 하는 외식 체인이다. 아마존과는 완전히 다른 형태의 기업처럼 보이는데, 그 차이는 특히 가격 제안에서 두드러진다.

프라임 회원에 대한 아마존의 가격 제안을 보면, 우량 고객만을 압도적으로 우대한다고 느낄 것이다. 그러나 그 우대 정책들이 꼭 동일한 형태는 아니다. 이키나리 스테이크는 가격으로 우량 고객을 결정하지 않고 '먹은 고기의 양'이라는 면에서 우량 고객을 배려하는 독자적인 제안을 선보이고 있다.

이키나리 스테이크는 '서서 먹는 형태의 레스토랑'을 시도하고 있다. 1그램 단위로 가격이 설정되어, 고객이 먹고 싶은 고기의 양을 정하면 점원이 그 자리에서 고기를 잘라 구워준다. 매장 운영을 간소화해 고객 회전율을 높이고, 낮춘 비용을 상품 원가에 들여 질 자체를 높였다.

이키나리 스테이크는 일반적인 스테이크 레스토랑보다 원가율이 높아 가격 할인 여지가 거의 없는 것으로 알려져 있다. 그런데도 그들은 마일리지가 쌓이는 로열티 프로그램을 앱으로 실현했다.

■ 먹은 고기의 양으로 포인트가 쌓이는 앱 ■

이 앱에서 재미난 것은 '먹은 고기의 양'에 따라 포인트가 쌓이는 '고기 마일리지 기능'이다. 또한 고객이 먹은 고기의 양(그램)만큼 등급이 올라간다. 특전으로는 등급이 올라간 쿠폰을 부여하는데, 그 밖에도 등급별로 무료 음료 등을 제공한다. 앱에서는 자신의 등급, 고기 마일리지 수, 카드 등급이 표시된다. 이에 더해 월간, 누계, 회당 그램 수를 경쟁하는 순위가 표시되어 있다. 고기를 좋아하는 사람이라면 누구나 관심이 생길 만한 앱이다.

이키나리 스테이크는 식사 경험을 기록해 그램으로 쌓은 등급을 고객과 공유하는 구조로 운영된다. 사용 단계의 행동을 파악함으로써 고객과의 접점을 더욱 강화하는 것이다.

사람은 하루 평균 세 끼씩 월 100회 정도 식사를 한다. 그러나 그 식사 경험을 어느 정도나 기억하고 있을까? 아무리 훌륭하고 맛있는 레스토랑에서 식사를 했다고 해도, 그곳에서 몇 번이나 식사를 했는지 정확히 기억하는 경우는 거의 없다. 이키나리 스테이크는 그 경험을 '먹은 고기의 양'으로 '재미있고 즐겁게' 표현했다. 그리고 그것이 기억에 오래 남고, 지인이나 친구들과도 그 경험을 공유하기 쉬워진다고 보았다.

페퍼푸드 서비스의 홍보 자료에 따르면, 2014년 7월에 시작된 '고기 마일리지 앱'은 2016년 2월 기준으로 20만 건이 넘는 다운로드를 기록했다고 한다. 2015년 10월에는 사전 결제 기능까지 추가해 앱에서 결제할 수 있게 만들었다. 또 '2'와 '9'◆가 붙은 날에 충전하면 일정 비율의 보너스를 붙여 주었다. 예를 들어, 3,000엔(약 3만 원)을 충전하면 보너스로 1퍼센트가 추가되어 3,030엔(약 3만 300원)을 이용할 수 있게 한다. 그리고 5,000엔(약 5만 원)은 2퍼센트, 1만 엔(약 10만 원)은 3퍼센트를 붙여 주는 식이다. 또 다양한 이벤트를 통해 그 이상의 보너스를 포인트로 환원하기도 한다.

◆ 2를 의미하는 일본어 '니(に)'와 9를 의미하는 '쿠(く)'가 붙으면 '니쿠(にく)'로 발음된다. 일본어 '니쿠'는 '고기'를 의미한다.

■ 비싼 고기든, 싼 고기든 포인트는 동일하게 ■

1그램당 단가는 고기 종류에 따라 다르기 때문에 많이 먹는 고객이 값을 많이 치른 고객인지는 알 수 없다(소고기 1그램과 돼지고기 1그램의 가격 차이를 생각해보라). 그런데도 이키나리 스테이크는 먹은 양에 따라 특전을 제공함으로써 '구매'가 아닌 '사용', 즉 매장에 실제로 방문한 횟수에 더 가치를 둔다는 점을 강조했다.

바로 그 목적은 '회전율 상승'에 있다. 서서 먹고 저렴한 가격을 기본으로 하는 이키나리 스테이크의 비즈니스 모델에서는 회전율을 높이는 것이 지상과제다. 그래서 매장 방문 횟수에 초점을 맞춘 프로그램을 선보인 것이다.

이것이 '사용 금액' 같은 구매 데이터에 기반한 프로그램이라면 어땠을까? 음식점의 포인트 제도는 보통 조금 극단적으로 말해 '몇 번 가게에 오는지'가 아니라 '얼마를 썼는지'에 맞춰 운영된다. 비싼 메뉴를 먹으면 한꺼번에 포인트가 쌓이기 때문에 이 데이터를 매장 방문 횟수와 결부하기는 어렵다. 게다가 이들이 특별히 다루고 싶어 하는 '매장 방문 횟수가 많은 고객'에게 판촉이나 가격 제안을 하기도 어렵다. 또 그 데이터에 기반한 제안 역시 '사용 금액의 몇 퍼센트를 할인한다'는 식의 단순한 패턴이 되기 쉽다. 그것은 단지 이익을 줄이는 행위일뿐 더러 고객의 재방문이나 단가 향상으로 이어지는지도 알 수 없다.

가격 제안은 양날의 검이다. 아마존처럼 폭넓은 상품을 모두 아마존에서 사게 하는 것이 목적이라면, 일정한 회비를 과금해 회원 전체에 대한 가격을 제안할 수도 있다. 그러나 그렇지 않다면 구매 금액에 따른 인센티브 부여는 단순한 가격 인하에 그치고 만다. 중요한 것은 기업이 얻고 싶은 고객이 어떤 사람들이며, 구체적으로 어떤 행동을 원하는지를 명확히 하는 것, 그리고 이를 위해 어떤 행동 데이터를 획득하느냐는 것이다.

고객과의 접점은 '고객에게서 얻은 데이터'와 '기업의 제안'이라는 대화를 통해 강해진다. 대화를 반복함으로써 고객의 구매 경험이 풍성해지고, 그 브랜드에 대한 애착이 생기는 구조다. 진짜 충성도가 높은 고객이 반드시 금전적인 이점만을 원한다고 볼 수만은 없다.

이키나리 스테이크가 노리는 고객은 틀림없이 '고기를 좋아하는 사람들', 그리고 '고기를 좋아했으면 하는 사람들'이다. 그리고 이들에게서 끌어내고 싶은 것은 '매장을 방문하는' 행동이다. 결국, 이키나리 스테이크의 로열티 프로그램은 그 목표를 실현하는 매개체라고 할 수 있다.

■ 이키나리 스테이크의 고객과의 대화

시 간

선택 　　　 구매 　　　 사용

음료 한 잔 무료

00엔 분의
보너스와 쿠폰

고객
등급별 상품

고객 등급별
가격 특전

고객

대화

시스템
아키텍처

구매 데이터 ＋ 사용 데이터

판촉 제안 　　 가격 제안

접점은
상품마저 바꾼다

　'인게이지먼트 4P'를 통한 궁극적인 변혁은 '고객과의 접점을 이용해 선보이는 상품 자체를 바꾸는' 것이다. '고객과의 접점'에서 최적의 상품을 판단하고 새롭게 만들어내는 일이 가능해지면, 독자적인 상품에 기반한 판촉·가격 제안을 조합해 고객에게 새로운 가치를 제시할수 있다.

　'고객과 훌륭한 접점을 가진 기업일수록 고객에게 딱 맞는 상품을 제공할 수 있다.' 이러한 생각을 하게 된 것은 비단 최근의 일이 아니다. 소매업은 그전부터 자체 상품 개발에 열중해왔다. 현재 소매업이 내놓은 자체 상품은 품질 면에서도 고객들에게 깊은 신뢰를 얻고 있다.

소매업의 자체 상품 개발을 뒷받침하는 배경에는 소매업이 쥔 '구매 데이터', 즉 POS 데이터의 존재가 있다. 데이터를 보면 잘 팔리는 상품을 한눈에 알 수 있다. 제품을 들여오는 제조사와의 협업 과정뿐 아니라 자사의 상품 개발에도 이를 활용하면 이치상으로는 제조사보다 더 높은 확률로 히트 상품을 내놓을 수 있다.

이에 더해 e커머스 기업은 '고객이 어떤 상품을 검토했는지'를 알려주는 '구매 전의 선택 데이터', 또한 '고객이 구매한 상품을 어떻게 사용하고 평가하는지'를 알려주는 '구매 후의 사용 데이터'를 손에 쥐고 있다.

아마존은 상품에 대한 고객 리뷰를 모두 파악하고, 조조타운은 'WEAR'라는 코디네이트 공유 사이트(wear.jp)를 갖고 있다. 아마존이 자체 상품 개발에 박차를 가한 것도, 조조타운이 자체 브랜드 'ZOZO' 개발을 발표한 것도 선택과 구매, 사용 등 모든 단계에서 고객과의 접점을 만들어 타사와는 차별화된 상품을 만들어낼 수 있다는 자신감이 있었기 때문이다.

스타트투데이의 마에자와 유사쿠 사장이 'ZOZO'에 대해 남긴 말이 이를 정확하게 드러낸다. "타사 브랜드를 복제해서 파는 비열한 짓 따위는 하지 않겠다. 지금까지 패션 업계에서 볼 수 없던 상품이나 철학, 착용감을 제공함으로써 일대 혁명을 일으키고 싶다." 그 후 조조타운이 야심 차게 발표한 것이 치수 확인용 의상인 '조조슈트'의 무상 배포였다.

'착용감'은 단지 옷 치수만을 의미하지 않는다. 거기에서 한발 더 나아가 판촉과 가격, 상품 등을 비롯한 '개별 고객에 대한 최적화'를 의미한다. 스타트투데이가 고객 접점을 통해 마케팅 요소 전체를 혁신하면, 의류 업계의 전략을 그 뿌리부터 다시 세울 가능성이 크다.

아마존 PB

Amazon PB

점유율과 카테고리를 모두 늘리다

고객과의 접점을 깊게 가진 온라인 기업이 자사의 자체 상품을 만드는 움직임은 'e커머스 분야의 선진국'이라고 할 수 있는 미국에서도 빠르게 진행되고 있다. 미국의 벤처캐피털 KPCB가 발행하는 〈인터넷 트렌드 2016Internet Trends 2016〉은 이러한 흐름에 대해 "인터넷의 진화·발전이 상품과 브랜드, 소매업의 근간을 점차 애매한 것으로 변화시키고 있다"라고 지적했다. 많은 제조사 브랜드가 온라인에서 직접 소매업을 운영하는 한편, 소매업도 직접 상품 브랜드를 만드는 움직임이 활발하다. 그 대표적인 사례로 들 수 있는 기업 역시 아마존이다.

아마존은 미국에서 2004년에 아웃도어 가구, 2008년에 가정용품, 2009년에 전자기기 액세서리, 그리고 2015년에는 패션 브랜드의 자체 상품을 시작했다. 그 밖에도 화장실 용품 등의 일용품까지 포함해 수많은 자체 상품을 시장에 투입하고 있다.

카테고리를 꾸준히 확대하는 가운데, 무엇보다 주목하고 싶은 것은 점유율이다. 그중에서도 건전지의 시장점유율은, 〈인터넷 트렌드 2017Internet Trends 2017〉에 따르면 "인터넷 판매 쪽에서 이미 전미 1위가 되었다"고 한다. 또 "아기용 물티슈는 3위에 올라 있다."

■ 소매업의 새로운 가능성 ■

아마존이 이렇게까지 높은 시장점유율을 기록한 동력은 무엇일까? 물론 아마존이 확보한 고객 수 자체가 많다는 점, 고객이 일부러 매장까지 가기 귀찮다고 느끼는 상품 카테고리를 노렸다는 점 등 여러 가지 이유를 꼽을 수 있다. 그러나 아마존이 보유한 고객과의 훌륭한 접점이야말로 이 점유율을 만들어내는 데 일등 공신이었다.

거듭 말하지만, 기존 오프라인 기업도 그동안 구매 데이터를 확보해왔다. 그러나 오프라인 매장에서 파악할 수 있는 것은 어디까지나 '그 상품이 매장에서 잘 팔리는지 여부'뿐이다. 이는 매장을 기준으로 한 결과의 '점' 데이터에 불과했다.

반면 온라인을 기점으로 한 기업이 파악할 수 있는 것은 '그 상품을 어떤 고객에게, 어떻게 팔 수 있었는지'에 관한 데이터다. 다시 말해, 구매에 이르기까지 무엇을 검토했는지, 그리고 어떤 상품이 선택되고 그 결과 어떤 평가를 얻었는지에 대해 말해주는 '선' 데이터였던 것이다.

고객 한 명 한 명의 통합된 행동 데이터를 파악할 수 있다면, 최적의

■ 아마존 PB의 고객과의 대화

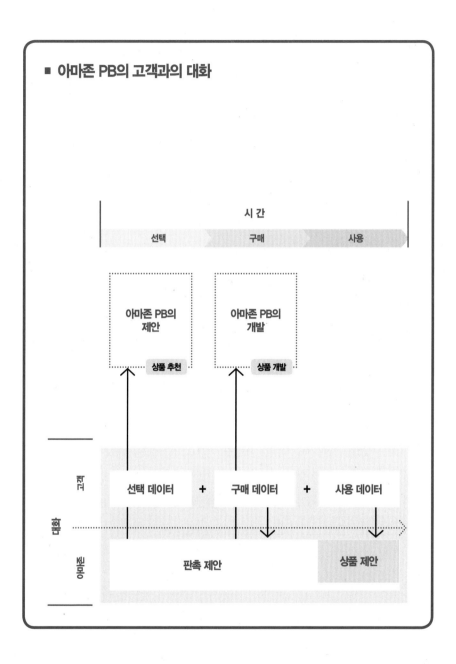

상품을 개발할 수 있을 뿐 아니라 개발한 상품을 최적의 고객에게 제안할 수 있다.

고객의 욕구를 채울 수 있는 좋은 상품을 만든다. 그리고 시장점유율을 통한 경쟁력 있는 가격으로, 그 상품을 원하는 고객에게 제공한다.

아마존의 이러한 전략은 소매업의 새로운 가능성을 보여준다. 바로 '데이터 기반의 상품 개발'이 갖는 잠재력 말이다. 이는 제조사가 주도하는 기존 마케팅에서는 실현하기 어렵던 전략을, 고객과의 훌륭한 접점으로 실현해낼 가능성을 시사한다.

MUJI 슈퍼 C등급 상품
사라진 상품을 새로운 제안으로 부활시키다

지금까지 살펴보았듯이, 사용 단계까지의 고객 행동 데이터를 파악하면 그것이 독자적인 상품 제안으로 이어질 수 있다. 이때의 상품 제안이 꼭 새로운 상품만을 의미하지는 않는다. 기존 상품의 새로운 '용도 개발'도 상품 제안의 하나다. 여기에서는 오쿠타니 다카시가 양품계획 시절 관여했던 '용도 개발'의 사례를 소개하고자 한다.

양품계획에서는 상품이 팔리는 정도에 따라 네 등급으로 나눠 관리한다. 잘 팔리는 'S'와 'A'등급은 품절되지 않도록 특히 신경 쓴다. 그 밖에 판매 현황이 좋지 않은 'B'와 'C'등급은 재고를 줄이고 발주 정지에 들어간다. 잘 팔리는 상품은 판매 공간이 크게 확보되고 광고·홍보비가 많이 책정되지만, 잘 팔리지 않는 상품은 일찍이 매장에서 자취를 감춘다. 이때 무엇보다 중요한 것은 당연히 'S'등급으로 분류될 상품을 개발하는 일이다.

원래 양품계획은 고객과의 접점을 살려 상품 개발을 잘하는 것으로 정평이 나 있었다. 온라인 스토어를 개설한 2000년에는 '모노즈쿠리 커뮤니티'를 개설했으며, 소셜 미디어가 없던 시절에도 고객들의 목소리를 상품 개발 과정에 담아 수많은 히트 상품을 냈다. '사람을 망치는 소파(여기서 '망친다'는 말은 게으름을 피우게 된다는 의미로, 한번 앉으면 무기력해질 만큼 편안하다는 뜻이다 — 옮긴이)'로 유명해진 '몸에 딱 맞는 소파'가 대표적인 예인데, 이 상품은 벌써 15년 넘게 판매되고 있는 스테디셀러다.

물론 고객 참여형 상품 개발에는 시간과 노력이 많이 필요해 100가지 아이템, 200가지 아이템을 동시에 개발할 수는 없다. 그런데도 무인양품은 2009년에 '생활양품연구소'를, 2011년 12월에는 '의견 파크(현 IDEA PARK)'를 개설해 고객의 목소리를 상품 개발에 반영하는 구조를 더욱 발전시켰다. 고객의 의견을 듣고 동시에 무인양품의 생각을 제안하는 등 대화를 통한 상품 개발의 장을 꾸준히 진화시키고 있다. 고객과의 상시적인 접점을 직접 만들고 '사용 데이터'를 꼼꼼히 파악해 히트 상품의 개발로 연결하는 것이다.

기업은 이러한 장을 통해 고객이 원하는 상품을 구체적으로 제안해주길 기대한다. 물론 이러한 바람이 이뤄지기란 무척이나 어렵다. 고객의 목소리는 기본적으로 기존 상품에 대한 언급이 많기 때문이다. '의견 파크' 개설 첫해에 들어온 의견도 기존 상품에 관한 것이 96퍼센트에 이를 정도였다. 그러나 그중에서도 판매가 끝난 상품의 재판매를 원하는 의견이 40퍼센트에 달했다는 사실은 주목할 필요가 있다.

■ 제품의 용도를 바꿔 새롭게 부활시키다 ■

고객이 재판매를 희망한 상품 중에 유리구슬처럼 둥근 얼음을 만들 수 있는 실리콘 소재의 제빙 트레이가 있었다. 이를 접한 생활양품연구소의 담당자가 담당부서 쪽에 재판매를 요청했지만 딱 잘라 거절당했다. 이유는 명백했다. 잘 팔리지 않던 'C등급 상품'으로 일찍이 매장에서 사라진 전력이 있었기 때문이다. '잘 안 팔린' 사실이 드러난 상품을 다시 매장에 둘 여유는 없기에 당연하다면 당연한 결과였다.

그러나 포기하지 않은 담당자는 온라인에서 이 상품에 관한 블로그 게시글을 발견하고 이번에는 온라인 스토어를 총괄하던 오쿠타니 다카시를 찾아왔다. 그 글의 내용은 '이 제빙 트레이를 사용해 레진(수지) 액세서리를 만들어 보았다'는 것이었다. 이를 보고 오쿠타니는 '온라인 스토어에서 재판매해 보자'는 담당자의 제안을 그 자리에서 수락했다. 인터넷이라면 롱테일◆의 법칙에 따라 충분히 시간을 두고 팔 수 있으며, 매장에 재고 부담을 줄 우려도 없었기 때문이다.

2012년 3월 중순에 이 의견 파크에서 '재판매 검토 중'이라고 안내한 뒤, 4월 말에는 500개 한정으로 온라인 스토어에서만 판매해 보았다. 그 결과 단 이틀 만에 완판되었다. 그 후 6월 말에도 500개를 추가 판매하자 이번에는 하루 만에 완판되었다. 그리고 9월에는 그 몇 배에 달하는 수량을 준비해 온라인 스토어에서 후속 판매를 하기로 했다. 이러한 성과에는 고객 블로그라는 '사용 단계의 고객 행동 데이터'를 찾아온 담당자의 눈썰미가 큰 몫을 했다.

물론 후속 판매가 되었다고 해도 이 상품이 무인양품의 간판 상품이 되지는 못했다. 매출 공헌도에서 이 상품은 여전히 'C등급'이었다. 그럼에도 '이유는 알 수 없지만 잘 팔리지 않으니까 판매를 중지한다'는 것과 '팔리는 이유를 아는 것'의 차이는 크다.

비록 수량이 많지 않더라도 고객과의 대화를 통해 판매는 지속할 수 있다. '최저 생산 단위 수량을 정가 판매할 수 있는 C등급 상품'으로 유지할 수 있다. 2017년 말에도 '실리콘 트레이'는 온라인 스토어에서 여전히 판매되고 있다.

◆　몇 개의 히트 상품이 엄청난 위력을 발휘했던 시장의 법칙이 바뀌고 틈새상품들의 힘이 점점 거세지고 있다. 특히 소비자들이 인터넷을 검색해 스스로 원하는 물건에 접근하기 쉬워지면서 틈새상품이 중요해지는 새로운 경제 패러다임, 롱테일(Long-Tail)이 등장했다. 이 용어는 미국의 넷플릭스, 아마존 등의 특정 비즈니스 모델을 설명하기 위해 명명되었는데, '롱테일'은 판매 곡선에서 불룩 솟아오른 머리 부분에 이어 길게 늘어지는 꼬리 부분을 가리킨다. 이는 20퍼센트의 소수 상품이 아니라 80퍼센트의 틈새상품에 기반해 비즈니스가 성공하는 '온라인 시대의 모델'을 상징한다.

이 사례에서 우리는 '사용 단계의 행동 데이터를 아는, 즉 고객 접점을 가진 기업은 다양한 상품을 선보일 수 있다'는 점을 알 수 있다. 고객이라는 또 한 명의 마케터에게 배워 상품을 재판매하고, 고객을 특정해 이를 제안한다. 꼭 백지 상태에서 상품을 만들어내는 것만이 상품 개발은 아니다. 기존 상품의 용도 개발이라는 형태로도 얼마든지 상품 제안은 가능하다. 보유한 상품 자산을 효율적으로 활용하는 것 역시 고객과의 접점을 살려 상품을 바꾸는 방법이다.

지금까지 고객과의 접점이 마케팅 요소를 어떻게 바꿀 수 있는지 살펴보았다. 채널을 통해 고객의 행동 데이터를 파악하고 판촉, 가격, 상품을 '개별 고객'에게 제안한다. 바로 이것이 '채널 시프트 전략'이 지향하는 모습이다. 그 전략을 완성한 기업은 타사와의 경쟁에서 엄청난 영향력과 강점을 갖게 될 것이다.

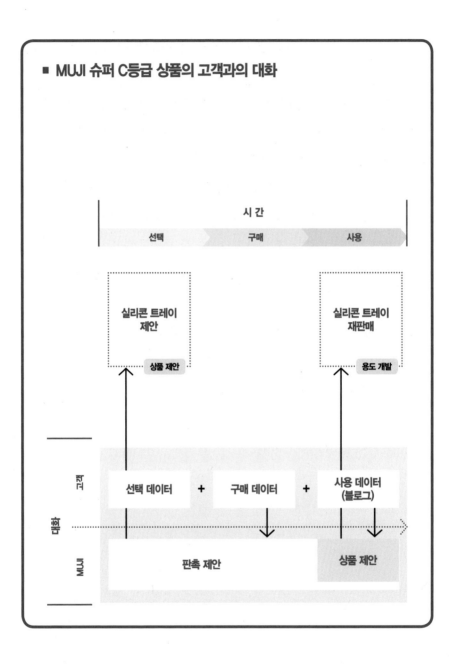

■ MUJI 슈퍼 C등급 상품의 고객과의 대화

시 간

선택   구매   사용

실리콘 트레이
제안

상품 제안

실리콘 트레이
재판매

용도 개발

고객

선택 데이터 + 구매 데이터 + 사용 데이터
(블로그)

대화

MUJI

판촉 제안

상품 제안

세계 마케팅의 다음 전선을 준비하라

'채널 시프트'는 온·오프라인에 각각 기반을 둔 기업들이 새로운 고객을 확보하기 위해 서로의 분야로 진출하는 현상이자 전략을 말한다.

이를 실천하는 기업은 '개별 고객'을 파악하는 기술을 활용하여 행동 데이터를 수집한다. 그리고 이를 기반으로 마케팅 요소 자체를 바꾸어 고객별로 최적의 상품과 서비스를 제안한다. 그렇게 되면 고객은 완전히 그 사이클 안에 포위된다.

이 책에서는 그 전략을 프레임워크와 구체적인 사례로 해설했다. 채널 시프트는 앞으로 더욱 치열해질 전쟁으로, 아직 그 전체 과정을 달성한 기업은 없다.

그런 의미에서 이 책에서 살펴본 사례들은 각각 하나의 조짐이나 징

후에 불과하지만, 그 '목적'만큼은 더욱 명확해지고 있다.

아마존을 필두로 채널 시프트에 나선 기업들은 자유로이 온·오프라인을 오가는 고객에게 그저 무작위로 채널을 배치하지 않는다. 이들은 명확한 전략 의도를 갖고 '고객의 어떤 행동 데이터를 어느 정도 파악할지' 정한 뒤, 이를 위해 채널을 배치하고 있다.

그리고 다양한 채널에서 파악한 고객 행동 데이터를 토대로 차별화된 제안을 잇달아 내놓는다. 그것은 최적화된 정보 제공이나 배송 방법 선택, 더 나아가 고객별 가격 설정이나 자체 상품의 개발에까지 이르고 있다.

이 책에서는 유독 '고객과의 접점'이란 말을 자주 사용했다. 이는 '고객과의 대화'를 통해 만들어지는 것으로, 여기서 대화란 '고객에게서 얻은 행동 데이터와 그에 대한 기업 쪽의 제안'이라고 설명했다. 그것이 고객 구매 경험의 질을 좌우하고, 더 나아가 그 기업이나 브랜드에 대한 감정이나 행동까지 바꾼다.

기존 오프라인 매장에서 '고객과의 접점'이라고 하면, 매장을 찾은 고객과의 직접적인 대화, 단골 고객과 매장 직원의 관계 등을 떠올리는 경우가 많다. 물론 지금까지 쌓아온 것 이상으로 인적 접점이 중요해지는 것은 틀림없는 사실이다. 그러나 그것만으로는 무수히 많은 '개별 고객'을 인식할 수 없고, 모처럼 구축한 '접점'마저 제대로 가시화할 수 없다.

가시화가 어렵다는 것은 조직 내부에서 공유할 수 없다는 것을 의미하며, 당연히 기업 단위의 마케팅에도 이를 활용할 수 없다. 아무리 현장에서 고객과 좋은 접점을 구축해도, 그것이 매장 운영 수준에 그쳐서는 총체적으로 활용할 수 없다. 이는 기업이 성장할 기회를 상실하는 것을 의미한다.

'채널 시프트 전략'은 달리 말하면 '오프라인 시장의 디지털 전환'이다. 고객의 행동 데이터를 어떻게 축적할지, 그리고 그것을 어떻게 활용할지는 향후 경영에서 중요한 전략 요소가 될 것이다. 이 책에서 보여준 사례만이 전부가 아니며, 그 방법은 다종다양한 형태가 될 것이다.

물론 그동안 통신판매 기업이나 오프라인 매장을 운영하는 기업들도 고객 데이터를 활용했지만, 그 대부분이 '구매'라는 '점'의 데이터였다. 이에 반해 온라인 기업은 고객의 구매 행동 과정 전체에서 도출할 수 있는 행동 데이터를 중시한다.

데이터를 온라인상에서 순환시키고 이를 활용할 수 있는 기업 입장에서는 단순히 행동 데이터만을 얻기 위한 목적으로도 오프라인에 진출할 가치가 충분하다. 온라인의 접점에 오프라인 매장을 조합하면, 구매 경험의 질은 압도적으로 강해지고 깊어진다. 채널을 단지 판매의 장으로 다루던 오프라인 기업은 그 사실을 잠시 잊고 있었고, 바로 그 틈을 파고든 이들이 온라인 기업이었다. 이들은 온라인보다 훨씬 큰 오프라인 접점으로 들어가 고객과의 접점을 만들고 있다.

위기감을 행동으로

'온라인 시장은 전체의 10퍼센트 수준에 지나지 않지만 급속도로 성장하고 있다'와 '온라인 시장은 급성장하고 있지만 아직 전체의 10퍼센트 수준에 지나지 않는다'라는 인식은 위기감 자체가 다르다. 덧붙여, 지금까지 실무자들은 대부분 '오프라인에서 온라인으로 고객의 구매 행동이 조금씩 이행하고 있다'는 정도로 상황을 인식하고 있었다.

그러나 지금 시작되는 것은 '이행'이 아니라 '융합'이다. 아마존의 홀푸드마켓 인수가 엄청난 충격을 준 것은 많은 이들이 그런 융합을 실감할 수 있게 했기 때문이다. 이러한 움직임은 현재 중국에서도 가속화하고 있는데, 그중 알리바바는 오프라인 기업과 활발하게 융합하고 있다. 특히 기업 단위의 제휴나 인수 합병을 적극적으로 추진하고 있다. 아마 일본 시장에 미치는 파급력은 어쩌면 아마존보다 알리바바 쪽이 더 클지 모른다. 따라서 우리는 중국의 움직임에도 특히 주목해야 한다.

외적 환경의 변화로 말미암은 강제적인 융합이 점차 현실이 되어가는 가운데, 사내에서조차 온·오프라인을 융합하기가 쉽지 않다고 호소하는 기업이 많다. 그것은 기존 매장이나 업무별로 딱 잘라놓은 조직에, 고객의 행동 데이터라는 부서 횡단적 정보를 도입하려 하기 때문이다. 더구나 온·오프라인을 담당하는 부서나 인재는, 우리 경험에 비추어 보면 서로 사이가 안 좋은 경우가 많다.

'고작 그런 이유 때문이냐'고 비웃는 사람도 있을지 모른다. 그러나 어렵게 싹을 틔운 '변혁'이라는 꽃이 쉽게 시드는 것은 조직 내부의 능력 부족보다는 협업 문화를 조성하지 못한 탓이 더 크다. 원래 부서 간에는 사용하는 언어 자체도 다르고, 계획을 세우는 기간이나 범주도 전혀 다르다. 솔직히, 그런 상황에서 부서나 업무를 넘나드는 작업에 협력한다는 것이 말처럼 쉬운 일은 아니다.

우리가 이 책을 쓴 까닭은 치열한 환경 변화와 수많은 오프라인 기업들의 더딘 대응 사이에서 적지 않은 위기감을 느꼈기 때문이다. 오쿠타니 다카시는 온라인 분야 출신이고, 이와이 다쿠마는 오프라인 분야 출신이다. 솔직히 이 책의 집필 과정에서 둘의 사고가 충돌한 적도 많았지만, 그 위기감만큼은 다르지 않았다는 점을 이 자리를 빌려 고백한다.

지금 가장 필요한 것은 기업들, 그리고 내부의 온·오프라인 인재들이 현재 벌어지고 있는 일련의 상황에 위기감을 느끼고 함께 공유하는 것, 문제 해결을 위해 협업할 수 있는 사고의 틀을 갖는 것이다. 이 책에는 그러한 공유와 협업을 위해 알아둘 사례와 프레임워크들이 담겨 있다.

이 책을 한 분야에서 전문성을 지닌 개인이 읽다 보면 별 의미를 느끼지 못할 수도 있다. 그러나 지금 필요한 것은 단지 사례를 아는 것이 아니라, 자사를 대입해 생각해보고 주위와 협업하는 적극적인 태도다. 채널 시프트라는 새로운 싸움은 이미 시작되었다. 이 책을 그 도전 과정에 널리 활용해준다면 더없는 기쁨이요 보람이 될 것이다.

사고를 한 단계 더 발전시키기 위해

또한 이 책에서 제시한 사고실험과 프레임워크에는 많은 선배 연구자의 지식과 혜안이 담겨 있다. 서두에서도 밝혔지만, 필립 코틀러를 비롯해 우리의 학술적 호기심에 많은 자극과 시사점을 안겨준 이들에게도 각별히 인사말을 남기고 싶다.

이 책에서 소개한 '채널 시프트 매트릭스'는 〈MIT 슬론 매니지먼트 리뷰MIT Sloan Management Review〉에서 데이비드 벨David Bell 등이 제안한 프레임워크의 영향을 받았다. 학술적인 해설은 되도록 피하고 싶었지만, 그들은 "소비자의 옴니 채널화가 소매업의 정보 발신이나 상품의 제공 방법에 혁신을 초래했다"는 점을 강조한다. 그에 이어 "전통적인 소매업과 온라인 기업의 전략을 소개하며 온·오프라인 간의 융합을 고려해야 한다"고 주장한다.

그들은 또한 이렇게 덧붙였다. "소비자의 전체 구매 과정에서 정보와 상품을 제공할 때 나타나는 장애, 구매 장벽, 불안 요소 등을 지우고, 소비자에게 가장 편리하고 소매업자에게 비용 대비 효과가 가장 높은 방법으로 상품이나 정보를 제공해야 한다." 그러면서 그들은 246쪽과 같은 매트릭스를 통해 "옴니 채널화하는 소비자에 대한 접근 과정"을 고찰했다.

이 프레임워크는 두 가지 기초적인 질문으로 구성되어 있다. 첫째, 소비자는 구매 의사 결정에 필요한 정보를 어떻게 모으는가? 둘째, 상

■ 정보 × 물류 매트릭스

상품 취급 방법

매장 수취 | 배달

정보 대여 & 취급 방법

하이퍼

❶
전통적
소매업

• 홈굿즈(HomeGoods)
• 로스(Ross)

❸
온라인 판매 &
쇼룸

• 와비파커
• 보노보스

로우퍼

❷
매장 판매 &
배달 하이브리드형

• 크레이트앤배럴
• 토이저러스

❹
온라인
전문 기업

• 아마존닷컴
• 오버스톡닷컴

품은 어떻게 운반되고 채워지는가? 그러면서 "기업은 이러한 관점에 기반해 옴니 채널화하는 소비자에 대한 전략을 세울 수 있다"며, 미국 소매업의 사례를 몇 가지 들었다. 옴니 채널화된 세계에서 승리하기 위해서는 ①에 있는 전통적 소매업은 사분면 ②③④로, 마찬가지로 ④에 있는 온라인 기업은 사분면 ②③으로 확장하는 전략이 필요하다고 밝힌 것이다.

이 책의 채널 시프트 매트릭스에서는 이 프레임워크를 '고객의 의사 결정'이라는 관점에서 재검토하고, 고객 행동인 '온·오프라인에서의 선택과 구매'로 바꿔 전략 구축의 프레임워크로 발전시켰다. 고객의 어떤 여정을 다룰지를, 그리고 이를 위한 자사의 전략 확대 방향성을 두 가지 동력으로 표현한 것이다.

한편 우리의 '고객 시간'이란 생각도 학술적인 관점에서 큰 영향을 받았다. 이 책에서는 그렇게 실무와 학술을 융합한 관점에서 '세계 최첨단의 마케팅'을 다양한 사례를 통해 풀어보려 했다.

물론 우리가 제안한 프레임워크도 완전한 것이 아니며, 개선 과정이 필요하다. 앞으로도 우리는 여러분과 함께 빠른 속도로 변해가는 최첨단 마케팅의 흐름을 쫓아가면서, 이를 실무에 반영하고 적용하기 위한 노력을 지속해나갈 것이다.

오쿠타니 다카시, 이와이 다쿠마

참고
문헌

■ Brynjolfsson, Erik., Yu Jeffery Hu, and Mohammad S. Rahman(2013)"Competing in the Age of Omnichannel Retailing," *MIT Sloan Management Review*, 54.4, 24-29.

■ Bell, David R., Santiago Gallino, and Antonio Moreno.(2014) "How to win in an omnichannel world" *MIT Sloan Management Review* 56.1, 45-53.

■ Lemon, K. N., & Verhoef, P. C. (2016) "Understanding customer experience throughout the customer journey" *Journal of Marketing*, 80(6), 69-96.

■ 가미야 와타루, '미국 소매업으로 본 구매자 접점 다양화에 대한 대응책', 〈유통정보〉44(6),유통경제연구소 12-19, 2013.

■ 곤도 기미히코, 'Opportunities and Challenges of Omnichannel Strategy in Japanese Retailing', International Conference of Asian Marketing Associations, 배포 자료, 2015.

■ 니이쿠라 다카시, '모바일 앱과 구매 의사 결정 과정' 〈게이오 경영논집〉32(1), 35-50, 2015.

■ 야하기 도시유키, '비즈니스 차세대 성장 엔진 구축, 옴니 채널 시대에 대비한다! - 유통 기능의 탈구축 서둘러야' 〈판매혁신〉, 26-29, 2016.

■ 야마모토 쇼지, '옴니채널 특성과 소비자 행동', 〈비즈니스 & 어카운팅 리뷰〉(16), 55-68, 2015.

■ 오쿠타니 다카시, '미국 소매업으로 본 옴니채널 전략(특집 - 다이렉트 마케팅과 패러다임 변화)'〈유통정보〉48(3), 6-22, 2016.

■ 오쿠타니 다카시, 니시하라 아키히로 & 다자이 우시오, 'AMA: Journal of Marketing

논문 초역 – 고객 여정을 통한 고객 경험의 이해', 〈마케팅 저널〉 37(2), 112-127, 2017.

■ 오쿠타니 다카시, '옴니채널화하는 소비자와 구매의사 결정 과정…모바일기기가 초래하는 소매업의 미래와 과제(특집 – 소매업의 혁신)', 〈마케팅 저널〉 36(2), 21-43, 2016.

■ 〈유통뉴스〉, '아마존, 시부야 MODI에 사이버 먼데이 세일을 경험할 수 있는 한정 매장 열어', 2017. 12. 8.

■ 〈니혼게이자이신문〉 전자판, '아마존 vs 조조타운, 일대일 진검승부…PB 제품까지 계획해', 2017. 10. 4.

■ BLOGOS, '아마존, 드라이브스루 전용 매장인 아마존프레시의 픽업 영상 공개!', 2017. 7. 11.

■ Digital Innovation Lab, '전자화폐로만 지불하는 최신 슈퍼마켓, 알리바바도 출자한 허마셴성', 2017. 1. 10.

■ 〈Business Insider Japan〉, 'MIT 교수가 디자인한 '미래형 슈퍼마켓' 밀라노에 오픈해', 2017. 1. 29.

■ 〈JB PRESS〉, '아마존, 홀푸드마켓 인수 완료', 2017. 8. 29.

■ IT PRO, '우버에 대항하기 위한 일본교통의 배차 앱 도전', 2017. 12. 12.

■ 〈WIRED〉, '이케아는 스마트폰 앱에 AR 도입해 '가구 구매'의 근간을 바꾸다', 2017. 10. 6.

■ 미야타 다쿠야, '아마존 고의 구조, 카메라와 마이크로 실현하는 게산대 없는 슈퍼마켓', 2016. 12. 10.

■ 〈니혼게이자이신문〉 전자판, '합승 택시 2018년 1월부터 시행 – 일본교통과 다이와자동차', 2017. 12. 19.

■ Adever times, '조조슈트 e커머스의 상식 뒤엎어 – 과연 새로운 IoT 솔루션이 될 수 있을까', 2017. 11. 27.

■ 〈JB PREESS〉, '아마존, 그 진짜 목적은 실제 매장과 배달 사업의 시너지 효과? 베조스 CEO의 최측근은 새로운 조직 체계의 책임자로', 2017. 11. 14.

■ Yahoo News, '〈조조타운〉 첫 자체 브랜드명은 〈ZOZO〉… 치수재기용 "조조슈트"의

무료 배포 발표', 2017. 11. 22.

■ Bloomberg, '미 아마존, 〈프레시〉사업 축소…홀푸드마켓 인수로 식품 전략 조정해' 2017. 11. 6.

■ 〈니혼게이자이신문〉 전자판, '중국 차량 배차 앱 디디추싱… 내년 봄 일본에서도 서비 스 시작', 2017. 10. 30.

■ 〈Business Insider Japan〉, '연재 〈미국 경제로 풀어내는 비즈니스 나침반〉 전 세계를 뒤흔든 아마존의 PB 전략, 의류 외 34개 자체 상품이 아마존에 1,100억 엔이 넘는 이 익 초래 예상', 2017. 10. 12.

■ "2017 Internet trend" Kleiner Perkins Caufield Byers, http://www.kpcb. com/ internet-trends

■ "2016 Internet trends reports" Kleiner Perkins Caufield Byers, http:// www.kpcb. com/blog/2016-internet-trends-report

■ "Mobile Retailing Blueprint A Comprehensive Guide for Navigating the Mobile Landscape Version 2.0.0" MOBILE RETAIL INITIATIVE, 2011/01/04, A Joint White Paper sponsored by the National Retail Federation

■ "Most Innovative Companies 2015" FAST COMPANY, https://www.fastcompany. com/most-innovative-companies/2015(2018.2.5. 최종 접속)

■ "Starbucks' mobile ordering reaches 9% of transactions" MOBILE MARKETER, July 31, 2017.

■ "Google. ZMOT Ways to Win Shoppers at the Zero Moment of Truth Handbook(2012)" https://www.thinkwithgoogle.com/research-studies/ 2012-zmot-handbook.html(2016.7.12.최종 접속)

■ 닛케이 트렌디넷, '니토리의 도심 매장, 비장의 카드는 '빈손 쇼핑' – 쇼루밍을 무기로 바꾼다', 2017. 10. 3.

■ 〈동양경제〉 온라인, '조조타운이 독자 브랜드를 만든 이유…마에자와 유사쿠 사장이 심혈을 기울이는 건 궁극의 착용감', 2017. 11. 1.

■ Bloomberg, '월마트, 온라인 판매 40%가 늘어날 전망…본격적인 아마존 추격에 나 서', 2017. 10. 10.

■ Tech Crunch, '무인양품이나 프랑프랑도 채용한 인테리어 시착…, 앱 '리빙스타일' 2억 엔 조달', 2016. 7. 12.

■ 닛케이 디지털 마케팅 웹, '고객과 친구 같은 관계를 구축하는 조조타운의 CFM 전략… 130종류 이상의 개인별 맞춤 메일을 자동 발신', 2013. 10. 17.

■ Japan Taxi 프레스릴리즈, '국토교통성이 실증 실험에 참가한 공식 앱 '합승 택시' 발표… 파트너로 환승 안내 앱, 항공사 등과 서비스 제휴 나서' https://japantaxi.co.jp/news/cat-pr/2018/01/22/pr.html, 2018. 1. 22.

■ Money Wave, '시착을 자택에서 안경을 이커머스로 판매하는 와비파커', 2016. 9. 28.

■ 유통뉴스, '니토리 e커머스 사이트 매출이 40퍼센트 증가, 도심 출점과의 시너지 효과로 도쿄도 및 3개 현에서 호조', 2017. 12. 25.

■ 페퍼 푸드 서비스 프레스릴리즈, '고기 마일리지 카드 100만장 돌파', http://www.pepper-fs.co.jp/_img/news/pdf/2017/PFS20170406.pdf#search=%27, 2017. 4. 6.

온라이프 시대, 부의 미래는 어디에서 결정되는가

채널 전쟁

1판 1쇄 발행 2019년 5월 23일
1판 2쇄 발행 2019년 7월 2일

지은이 오쿠타니 다카시, 이와이 다쿠마
옮긴이 이수형
펴낸이 고병욱

기획편집실장 김성수 **책임편집** 박혜정 **기획편집** 윤현주 장지연
마케팅 이일권 송만석 현나래 김재욱 김은지 이애주 오정민
디자인 공희 진미나 백은주 **외서기획** 이슬
제작 김기창 **관리** 주동은 조재언 **총무** 문준기 노재경 송민진 우근영

교정 구윤회

펴낸곳 청림출판(주)
등록 제1989-000026호

본사 06048 서울시 강남구 도산대로 38길 11 청림출판(주) (논현동 63)
제2사옥 10881 경기도 파주시 회동길 173 청림아트스페이스 (문발동 518-6)
전화 02-546-4341 **팩스** 02-546-8053
홈페이지 www.chungrim.com
이메일 cr1@chungrim.com
블로그 blog.naver.com/chungrimpub
페이스북 www.facebook.com/chungrimpub

ISBN 978-89-352-1279-8   03320